Cristina Pozo Vicente
Raquel Muñoz Martínez

UNIVERSO.ele

Spanisch für Studierende

B1-B2

Lehrerhandbuch
Guía didáctica

Hueber Verlag

3. 2. 1. | Die letzten Ziffern
2023 22 21 20 19 | bezeichnen Zahl und Jahr des Druckes.
Alle Drucke dieser Auflage können, da unverändert, nebeneinander benutzt werden.
1. Auflage

Umschlaggestaltung: Sieveking · Agentur für Kommunikation, München
Layout und Satz: Sieveking · Agentur für Kommunikation, München
Verlagsredaktion: Raquel Muñoz, Eva Jiménez, Esteban Salonia, Hueber Verlag, München
Druck und Bindung: Friedrich Pustet GmbH & Co. KG, Regensburg
Printed in Germany
ISBN 978-3-19-104334-6

Art. 530_15102_001_01

Índice

Introducción

Explotación didáctica de las unidades

B1

B2

ESTA GUÍA DIDÁCTICA

Esta guía didáctica tiene como objetivo proporcionar una descripción del enfoque didáctico del manual y de su uso en clase. Para ello, le ofrecemos sugerencias para el desarrollo de cada actividad en el aula con el fin de favorecer la dinámica, la autonomía y la motivación en clase.
Cada actividad se presenta desde los siguientes aspectos:

Objetivos: los contenidos que los alumnos aprenden y practican a lo largo de esta actividad.

Actividad: descripción del desarrollo de la actividad del libro.

Pizarra/Transparencia/Diapositiva: una propuesta de cómo organizar de forma visual los contenidos.

Ampliación: ideas adicionales para consolidar los contenidos y profundizarlos.

Observación: anotaciones o aclaraciones adicionales para la puesta en práctica de la actividad, así como referencias a los ejercicios de los apartados **Mi gramática**, **Mi léxico (nivel B1) y Mis recursos (nivel B2)**, mostrando cómo se pueden integrar estos apartados en la clase de manera optativa.

Referencias a las actividades del Libro de ejercicios: indicamos donde integrar las actividades del libro de ejercicios.

Por supuesto, muchas de estas propuestas son solo sugerencias que usted puede adoptar o también tomar como punto de partida para la creación de nuevas actividades. Por razones de espacio, pero también para conseguir la mayor brevedad y concisión posible nos hemos permitido omitir o reformular las instrucciones con las que se introducen las actividades del manual. También hemos prescindido de la diferencia de género en las formas plurales. Por eso, cuando hablamos de estudiantes o compañeros, nos referimos tanto al género masculino como femenino.

En nuestra página web https://www.hueber.de/universo-ele/unterrichten/downloads, irá encontrando, además, las fichas fotocopiables que complementan las propuestas de esta guía y otro material complementario para la puesta en práctica del manual, así como el curso para la plataforma Moodle con muchas actividades extra.

Desde aquí le deseamos mucho éxito y esperamos que esta guía le resulte de mucha utilidad.

Autoras y editorial.

El concepto Universo.ele

Universo.ele es un curso intensivo de español para jóvenes que aprenden en el ámbito universitario y que tienen como objetivo la estancia en un país de lengua hispana.

Los tomos **B1 y B2** están pensados para aprox. 60 horas lectivas cada uno, pudiendo adaptarse también a cursos más cortos, dejando para el trabajo individual fuera de clase las actividades de carácter receptivo, como son los textos en los que se debe realizar una comprensión lectora y que no son portadores de un nuevo input que implique la intervención del profesor, o aquellas actividades enmarcadas dentro de las páginas **Mi gramática**, **Mi léxico** o **Mis recursos**.

Universo.ele sigue un enfoque orientado a la acción, que potencia desde el principio la comunicación en clase y el trabajo cooperativo de los alumnos. Por eso en **Universo.ele** encontrará un gran número de actividades que darán lugar a verdaderos procesos de comunicación, similares a los que tienen lugar fuera del aula, pero enmarcadas en el contexto de la clase.

Universo.ele es un manual innovador que presta una especial atención al tratamiento del léxico en clase e incorpora las nuevas líneas de investigación de la gramática operativa.

Universo.ele sigue las directrices del **MCER (Marco común europeo de referencia de las lenguas)** y toma en cuenta de forma orientativa los contenidos marcados en el **Plan Curricular del Instituto Cervantes**. Consta de cuatro tomos **A1**, **A2**, **B1** y **B2**. Cada tomo integra el libro del alumno y el libro de ejercicios en un libro. Las audiciones en formato MP3 las hemos puesto a su disposición en nuestra página web. El manual cuenta, además, con una aplicación "AR-App" que le permite bajarse las audiciones desde su móvil o tableta.

Universo.ele intenta, además, encontrar un equilibrio en la presencia de las diferentes realidades del mundo hispanohablante desde el principio. Ejemplos de ello son la variedad de contextos utilizados para introducir las necesidades comunicativas del estudiante, la diversidad de acentos utilizada en las grabaciones, así como los contrastes interculturales que se presentan y trabajan.

Otros componentes de **Universo.ele** son:
» **Universo online**: actividades en línea y tests para sus alumnos en www.hueber.de/universo.
» **Plataforma Moodle**: material complementario transportable a su plataforma Moodle para las fases no presenciales de su curso.
» **Universo digital**: versión digital del manual para tableta, ordenador portátil o Whiteboard.

Algunos principios metodológicos de Universo.ele

El tratamiento de la gramática

En **Universo.ele B1** y **B2** la introducción y el trabajo de la gramática se hacen siempre de forma contextualizada y desde el uso, es decir, se introduce y se trabaja de acuerdo a las necesidades comunicativas del/de la estudiante.

En muchos casos el/la estudiante, además, tendrá que trabajar de forma activa en el descubrimiento de nuevos fenómenos y formular sus propias reglas. Anímele a que recoja por escrito en un cuadernillo, las nuevas reglas reformulándolas con sus propias palabras.

En las cajitas de color amarillo naranja encontrará explicaciones y esquemas de los fenómenos lingüísticos que los alumnos necesitarán conocer para realizar las actividades. Anímeles a formular también las reglas antes de pasar a explicarlas usted mismo. Una explicación más extensa y detallada la encontrará en las páginas del anexo dedicadas a la gramática.

En este manual las autoras han optado por utilizar un **enfoque operativo de la gramática** basado en las nuevas investigaciones de la gramática cognitiva aplicada al español. La gramática operativa, pedagógica o cognitiva postula que la gramática no opera sobre las formas, sino sobre el *significado* con que el hablante usa esas formas en cada momento. Esto se evidencia especialmente en las explicaciones sobre el uso de los pasados, del modo subjuntivo o de las correlaciones temporales en las oraciones subordinadas, donde hemos pretendido que las explicaciones no se basen en fórmulas matemáticas sino que partan del uso que el hablante hace de las formas: qué intencionalidad tiene, qué quiere expresar. Así las autoras barajan conceptos como son el de "actual" o "no actual" para las explicaciones del uso de los tiempos, o las nociones "declarar o afirmar lo que sabemos" frente "no declarar pero valorar/expresar voluntad/cuestionar" para explicar los usos del modo indicativo y subjuntivo, respectivamente. Al respecto puede leer en una entrevista realizada a Ruiz Campillo en la revista digital Marco ELE: https://marcoele.com/gramatica-cognitiva-y-ele/.

El tratamiento del léxico

Acostumbre a sus alumnos desde el principio a trabajar con el vocabulario de forma estratégica. Ello les ayudará no solo a memorizarlo, sino también a construir y a ampliar la red de palabras. El alumno se atreverá a experimentar y a construir sus propios conocimientos a partir del vocabulario conocido.

En esta guía, sobre todo en el nivel B2 donde los textos son más largos y más complejos, le damos pautas para ampliar la actividad de comprensión lectora mediante actividades estratégicas de clasificación y memorización de vocabulario por temas, campos léxicos, compuestos sintagmáticos o colocaciones. Acostumbre a sus estudiantes a que no aprendan palabras aisladas, sino con sus complementos o derivaciones. Anímelos a adquirir aquellas palabras o expresiones que les resultarán útiles. Potencie de esta manera su autonomía de aprendizaje.

El trabajo con los textos auditivos

Es importante planificar bien las actividades de comprensión auditiva en clase. Algunas pautas que puede seguir son:

1. Deje que los alumnos escuchen una o dos veces las grabaciones sin interrupciones para que obtengan una información sobre el contexto. Pídales que se fijen en las personas que hablan (cuántas son, qué emociones transmiten, su edad...), los ruidos que escuchan, las palabras que entienden y que a partir de estas informaciones traten de construir un contexto. Y recuerde: pregunte siempre por lo que han entendido, nunca por lo que no han entendido.

2. Acostúmbreles también a compartir lo que han entendido con un/a compañero/-a antes de pasar a escuchar de nuevo el texto. La construcción del significado de forma conjunta les ayudará a enfrentarse a una segunda audición de forma más exitosa, además de incorporar la destreza productiva, a partir de la oralidad. Fomente también la toma de notas mientras escuchan.

3. En una segunda o tercera audición pídales que se concentren sobre todo en la información que se les pide en el libro y que no se preocupen si el resto no lo han entendido. Verá que en **Universo.ele** se entrenan sobre todo las comprensiones global y selectiva que suelen ser, por otra parte, las más habituales en la vida cotidiana. Acuda de nuevo a la construcción del significado de forma conjunta para corregir, reajustar o ampliar lo que se ha entendido. No tenga miedo a dedicarle tiempo a la comprensión auditiva, tenga en cuenta que escuchar y hablar son las dos actividades de lengua más frecuentes no solo en nuestra propia lengua.

4. Hable abiertamente en la clase sobre sus experiencias con estas actividades, tematice las posibles dificultades y trate de encontrar soluciones a los problemas. Anime a sus alumnos a que continúen con el trabajo y hágales ver las ventajas que a largo plazo tendrá el trabajar de esta manera (perderán el miedo a lo desconocido, se atreverán a experimentar con la lengua, en definitiva entenderán más cuando estén en un país del mundo hispano). Anime a sus alumnos a escuchar las audiciones otra vez en casa.

El trabajo con los textos de lectura

En el libro les presentamos una variada tipología de textos escritos, que a su vez se fundamentan en los contenidos que estipula el **Plan curricular del Instituto Cervantes** para los niveles B1 y B2. Estos textos han sido elegidos también tomando en cuenta el grupo meta a quien va dirigido el libro: estudiantes universitarios entre los 18 y los 28 años, aproximadamente.

Si en alguna ocasión y dependiendo del número de horas lectivas piensa que no es posible llevar a cabo una lectura de todos ellos en clase, puede pedirles a los alumnos que hagan ya un trabajo previo del texto que se trabajará en una clase posterior, pero tenga en cuenta que estos textos también suelen implicar un trabajo en parejas o en grupos, por lo que tendrán que ser retomados en clase.

Para el trabajo de la comprensión lectora en clase, son válidos algunos de los consejos del apartado dedicado a la comprensión auditiva. Muchos de los textos van acompañados de material gráfico o de títulos que le pueden servir para hacer un trabajo previo de facilitación de la lectura, por ejemplo, adelantando vocabulario que les pueda ayudar. Fije siempre este trabajo previo en la pizarra.

En esta guía les ofrecemos pautas para poner en práctica una serie de estrategias de comprensión lectora. Además de las actividades ya propuestas en el libro, hemos añadido en numerosas ocasiones otras que le facilitarán una lectura más guiada, y también el trabajo estratégico del léxico introducido en el texto. No olvide que este tipo de trabajo es muy importante para extraer la máxima rentabilidad a los textos de lectura.

El trabajo con la escritura

Tanto si decide hacer este trabajo en clase en forma de escritura colaborativa, como si decide hacerlo de forma individual como tarea para casa, recuerde a sus alumnos las fases principales para la elaboración de textos escritos:

1. Planificación antes de escribir: generación y organización de ideas sobre el papel, así como de los objetivos.

2. Redacción de una primera versión: primer borrador a partir de lo generado en 1.

3. Revisión: cambios para mejorar lo escrito de forma individual o intercambiando el texto con un compañero: léxico, gramática, coherencia de la macroestructura (ideas principales, párrafos, etc.), y convenciones de escritura (en este caso una carta a un compañero de estudios).

5. Reestructuración y publicación: reescribir de nuevo el texto de forma definitiva.

4. Corrección: relectura del texto para encontrar posibles errores (gramática, léxico, coherencia, cohesión, etc). Intercambio del texto con un/-a compañero/-a con este mismo fin. En la ficha que encontrará en nuestra página web, "Ficha de corrección de textos escritos", le ofrecemos ideas para llevar a cabo esta fase de corrección.

Dinámicas de grupo

En el manual siempre le damos sugerencias en cuanto a la agrupación, pero por supuesto, puede variarla dependiendo de las condiciones de clase. Acostumbre desde el principio a sus alumnos a trabajar en parejas o pequeños grupos. Hágales ver que esta es la mejor forma de trabajar la interacción en clase y de experimentar con la lengua. Cuánto más hablen, más desarrollarán la fluidez, además de aprender de los errores y de los aciertos de los demás.

El trabajo por proyectos

Al final de cada unidad encontrará una actividad llamada **Nuestro proyecto**. Estas actividades cierran las unidades y le dan un sentido más allá del aprendizaje de la lengua. Planifíquelas con antelación y tematícelas con sus alumnos al principio de la unidad.

Para su preparación es importante planificar un tiempo de trabajo fuera del aula. Esto lo puede hacer si al comienzo del apartado C en el nivel B1 o del apartado B en el nivel B2, recuerda a sus alumnos el producto que deberán llevar a cabo al final de cada unidad. Si es posible, y dispone de una plataforma de aprendizaje, abra un apartado donde puede ir dando pautas a sus alumnos sobre los materiales extra que necesitarán. Siempre que sea posible, deje que ellos mismos se hagan cargo de la búsqueda y selección del material. La planificación y puesta en marcha de estos proyectos, podrían resumirse en estos pasos, dependiendo, claro, de la complejidad de los mismos, puede decidir obviar alguno de ellos.

Pautas para la puesta en práctica de las tareas finales

1. Anuncie la tarea al principio de la unidad cuando estén en la página "Portada".

2. Recuérdeles la tarea al comenzar el último apartado de la unidad (apartado C en B1, apartado B en B2).

3. Material: cree un espacio en su plataforma o anuncie en clase, el material que van a necesitar para la preparación de la tarea: fotos, vídeos, artículos, etc. Haga ya los grupos de trabajo en el caso de que la tarea sea compleja. Pacte con sus alumnos qué se hará en clase y qué harán fuera del aula. Tematice todos estos aspectos antes de llegar al final de la unidad. Si se espera al momento de leer la actividad, puede ser demasiado tarde.

4. Decisiones, negociaciones, discusiones. Planifique un espacio y tiempo para llevar a cabo las negociaciones del contenido dentro del aula. Esta fase es muy importante y tiene que hacerse en la lengua meta. Además, los estudiantes podrían necesitar su ayuda para llevarla a cabo.

5. Decida cómo se va a presentar el producto de los grupos. Si tiene tiempo de presentarlo en clase, no olvide de dar al resto de los grupos una tarea para que estén atentos y participen activamente. Por ejemplo, puede plantear diferentes roles: un grupo se encarga de grabar a sus compañeros previa autorización de los mismos (con un móvil es fácil). Otro grupo se ocupa de tomar notas sobre lo que dicen. Otro de hacer una valoración de la exposición. Luego se reúnen y discuten sobre el resultado obtenido. Y así sucesivamente.
Si, por el contrario, no tiene tiempo, pero quiere tener el producto de forma visible, puede proponer que lo cuelguen en la plataforma. Aproveche también las paredes del pasillo para decorarla con los productos de sus estudiantes.

Volver a empezar

PORTADA

Objetivos
» Hablar sobre experiencias de otros y la propia, viviendo y estudiando en una ciudad » Revisar los tiempos del presente y del pasado (imperfecto)

Esta unidad tiene por objetivo principal reactivar y ampliar las competencias comunicativas y recursos lingüísticos que los estudiantes ya conocen, como "presentarse" y "hablar de gustos y preferencias". Pida a sus estudiantes que lean los objetivos comunicativos específicos de esta unidad, así como la tarea final de **Nuestro Proyecto**: hacer una lista de propósitos para la clase de español. Conocer los contenidos de aprendizaje les servirá no solo para fomentar la autonomía, sino también para que al final de la unidad sean capaces de reflexionar y evaluar si han conseguido los objetivos definidos al comienzo de la misma.

a
Introduzca la primera actividad. Pida a sus estudiantes que antes de leer los textos se detengan en las ciudades que aparecen en los tres mapas y digan dónde están, si las conocen o qué saben de ellas. Por ejemplo, si están al lado del mar o si son ciudades universitarias. Para ayudarles a resolver la actividad, les puede explicar que los nombres de dos de ellas existen tanto en España como en Latinoamérica. Por ejemplo, hay una Granada en España, pero también en Colombia y Nicaragua. Lo mismo sucede con Córdoba, ya que la podemos situar tanto en España como en Latinoamérica, en este caso en Argentina. Este tipo de indicaciones puede ayudar a sus estudiantes a situar las ciudades. Después pídales que realicen la actividad tal y como se propone en el libro. Tras poner en común los resultados, puede preguntar por el significado de las expresiones *llevo aquí un año y llevo tres meses en esta ciudad.* Si es necesario, también puede pedirles a sus estudiantes una traducción aproximada al alemán de esas expresiones. Les puede indicar que en esta unidad trabajarán expresiones con las que pueden hablar del inicio y la duración de una acción, como en este caso.

b
Tras realizar la actividad del libro, se podría hacer una puesta en común en el pleno de la clase. Pida a los/las estudiantes que presenten a su compañero/-a

1A MI CIUDAD

Antes de comenzar esta parte **A**, deténgase en el título y lea con sus alumnos los objetivos comunicativos, léxicos y gramaticales que se introducen en esta parte de la unidad. De esta manera, los/las alumnos/-as tendrán una visión más clara de los contenidos de su clase.

1 Un semestre en la universidad de Córdoba

Objetivos
» Hablar de experiencias y hábitos de la vida cotidiana » Las perífrasis *soler* + infinitivo, *llevar* + gerundio » Las expresiones de tiempo *desde que, hace... que, desde hace*

1a/b
- Antes de empezar la actividad, explique a sus estudiantes que en este apartado **A** de la unidad se va a hablar de experiencias de estudiantes que viven y estudian en diferentes ciudades. Tras realizar la actividad **1a**, pida a sus estudiantes que se agrupen en parejas y pongan en común con el/la compañero/-a sus respuestas.
- Pase a la actividad **1b.** En esta actividad, el/la estudiante tendrá que marcar los temas de los que se habla en la entrevista. Aproveche el ejercicio para hacer, además, una sistematización del vocabulario que aparece en la entrevista. Una vez que los/las alumnos/-as hayan realizado el ejercicio, escriba los temas en la pizarra y pídales que anoten las expresiones que se relacionan con el tema en concreto. En la página siguiente encuentra un posible esquema para la pizarra.

estudios y aprendizaje	*cursar la carrera de economía* *acostumbrarse al castellano*
tiempo libre y costumbres	*trasnochar,* *ir a... Soy...*
relaciones	*echar de menos a la novia* *saludarse y despedirse con un beso*
ciudad	*acostumbrarse al ritmo de la ciudad* *ambiente cosmopolita*

1c
En esta actividad se dirigirá la atención del alumno hacia el funcionamiento del verbo *soler* para expresar hábitos o costumbres tanto en el presente como en el pasado. Aunque en esta actividad el verbo *soler* solo se presenta dentro de un marco temporal presente, puede explicarles que, en el caso de querer expresar lo mismo en pasado, esta estructura solo se puede utilizar con imperfecto de indicativo, es decir, la forma en pretérito perfecto o indefinido no existe. Ponga un ejemplo para que lo entiendan.

Observación: antes de pasar a la siguiente actividad, practique con sus estudiantes en el pleno de la clase el uso del verbo *soler*. Para ello, puede preguntar a algunos estudiantes *¿Qué sueles hacer los jueves por la mañana? Yo, por ejemplo, suelo dar clases de español a estudiantes de A1, ¿y tú?* Las respuestas de sus estudiantes las puede apuntar en la pizarra, de manera que les sirva de *input* para la siguiente actividad (**1d**). Cuando vea que sus estudiantes entienden el uso de este verbo y lo utilizan correctamente, puede pasar a la actividad **1d**.

1d
Explique a sus estudiantes que, en la actividad **1d**, van a hablar de acciones que hacen frecuentemente y que, para expresarlo, van a poder utilizar el verbo soler, que han aprendido en el ejercicio anterior.

Observación: recuerde a sus alumnos que pueden realizar la actividad **1** de la página **Mi léxico** para completar la actividad. Si no dispone de tiempo, puede hacerlo en casa.

→ Ejercicios 1, 2, 3 pág. 80.

2 Estudiando en otra ciudad

Objetivos
» Comprender experiencias de estudiantes viviendo en otras ciudades; seleccionar y completar dicha información » Introducir y aplicar expresiones de inicio y duración de una acción: *desde* + punto concreto en el tiempo, *llevar* + gerundio, *hace* + cantidad de tiempo + *que*, *desde hace* + cantidad de tiempo » Hablar de experiencias y del tiempo libre

2a
1–2

Antes de comenzar a escuchar, pídales que lean el enunciado de la actividad y la información de la tabla que tienen que completar. De esta manera, los estudiantes se pueden preparar mejor para la audición. En la primera audición, indíqueles que tomen nota de lo que entienden, pero sin completar la tabla. A continuación, déjeles comparar con sus compañeros la información que han apuntado de la primera audición. Después, pida a sus estudiantes que vuelvan a escuchar las experiencias de los estudiantes y, en esta ocasión, que presten más atención a las informaciones que faltan de la tabla para poderla completar. Al final, puede preguntar si han quedado dudas o preguntas respecto a la tabla. Si lo cree necesario, también puede poner en común la solución del ejercicio.

2b
Una vez completados los textos a partir de las informaciones de **2a**, pídales que comparen con su compañero/-a las respuestas de los ejercicios **2a** y **2b**. Transcurrido el tiempo, usted puede preguntar en el pleno de la clase si hay dudas o preguntas sobre las actividades y sobre el uso de las expresiones del ejercicio. Recuérdeles que a la derecha aparecen dos cuadros de ayuda con las nuevas estructuras y recursos lingüísticos ("Expresar el inicio de una acción" y "Expresar la duración de una acción"). Si no hay preguntas o dudas, puede asegurarse de que lo han entendido formulando una pregunta con *desde cuándo, desde* o *hace: ¿Desde cuándo estudias en esta universidad, Mark?*

2c
Explique a sus estudiantes que los temas propuestos para preparar la entrevista son solo una guía para preparar las preguntas, pero que también pueden añadir otros. Sobre todo, en el caso de tener estudiantes más ambiciosos, deje que propongan otros

posibles temas y preguntas. Antes de realizar la entrevista en parejas, es recomendable recoger las preguntas que los estudiantes hayan elaborado en el pleno de la clase, ya que pueden surgir dudas o propuestas que enriquezcan el ejercicio. Apúntelas en la pizarra.

Tiempo libre	*Alojamiento*
- ¿Qué te gusta hacer en tu tiempo libre? *- ¿Cuál es tu deporte favorito?* *- ¿Te gusta ir al cine?* *...*	*-¿Dónde vives?* *- ¿Vives en una residencia, en un piso compartido, solo,...?* *- ¿En qué barrio de la ciudad vives?*
Lo que (no) le gusta de la ciudad *...*	

2d

- Tras haber preparado la entrevista, los estudiantes pueden pasar a realizarla. Indíqueles que tienen que apuntar las respuestas de sus compañeros.

Observación: pueden colgar los textos producto de las entrevistas realizadas en clase en la pared del aula o en el foro habilitado para este ejercicio en la plataforma virtual (Moodle).

- Se recomienda que las actividades de expresión escrita que implican un proceso elaborado de escritura como ésta se realicen en casa para que los estudiantes dediquen el tiempo necesario. De esta manera, en las sesiones presenciales se puede dedicar más tiempo a realizar actividades de comprensión, expresión e interacción oral.

→ Ejercicios 4, 5 y 6 págs. 81 y 82.

1B EL NUEVO CURSO

Antes de comenzar, deténgase en los objetivos comunicativos, léxicos y gramaticales de esta parte de la unidad.

3 Propósitos para el nuevo año académico

Objetivo

» Entender y hablar de la vida cotidiana y de cambios en la vida de otros y de la propia » Introducir las expresiones para expresar continuidad, inicio y terminación de una acción *seguir* + gerundio, *empezar, volver a* + infinitivo, *dejar* y *acabar/terminar de* + infinitivo

3a/b

- Antes de empezar la actividad, explique a sus estudiantes que en este apartado se va a hablar de propósitos para el nuevo año académico. En este punto, puede comentar brevemente que en España los estudios, por ejemplo, funcionan por años académicos universitarios y no por semestres. El año académico universitario se extiende normalmente de septiembre a junio.
- A continuación, pregunte en el pleno de la clase quién tiene los mismos propósitos que Marta. Por ejemplo, *¿quién quiere también seguir mejorando su inglés?* El/la estudiante que conteste tiene que justificar su respuesta y, a continuación, tiene que continuar haciendo otra pregunta al resto de la clase de la misma manera que lo ha hecho el/la profesor/a; por ejemplo: *¿quién quiere empezar a entrenar para el maratón de la ciudad?* Una vez hayan realizado todas las preguntas sobre los propósitos que aparecen en el ejercicio, usted puede preguntar por otros propósitos que no tenía Marta, pero que sus estudiantes tienen. Para ello, usted puede preguntar: *¿qué otros propósitos tenéis?*
- Una vez acabada la actividad **3b**, en la que tienen que fijarse en las expresiones subrayadas del ejercicio **3a** y completar la tabla a partir de la información, pida a sus estudiantes que se agrupen en parejas y pongan en común con el/la compañero/-a si sus respuestas coinciden.

Ampliación: para revisar el trabajo que han llevado a cabo los estudiantes en parejas, escriba en la pizarra los significados de las perífrasis y pida a sus estudiantes que relacionen al lado de cada significado las expresiones aprendidas (*seguir* + gerundio, *empezar, volver a* + infinitivo, *dejar* y *acabar/terminar de* + infinitivo, *llevar* + gerundio) y un ejemplo. Se trata de hacer una reflexión conjunta sobre el significado de estas expresiones y su uso. Recuerde a sus estudiantes que los cuadros situados a la derecha son una ayuda para conjugar correctamente los verbos.

Bedeutung	Struktur + Beispiel
Beginn Handlung (anfangen etwas zu machen)	"empezar / comenzar a + Infinitiv" *Empiezo a entrenar para el maratón de mi ciudad.*
Wiederholung Handlung (wieder, erneut)	"volver + a + Infinitiv" *Vuelvo a hacer un curso de primeros auxilios.*
Beendigung Handlung / Umstand (aufhören etwas zu machen, etwas beenden)	"dejar + de + Infinitiv" "acabar + de + Infinitiv"* "terminar + de + Infinitiv" *Quiero dejar de fumar.* *Quiero terminar / acabar de estudiar.*
Weiterführung Handlung (weiterhin)	"seguir + gerundio" *Quiero seguir mejorando mi inglés.*

Observación: con la expresión *acabar de*, puede explicar que dependiendo del contexto también puede significar *gerade*. Por ejemplo, en la frase *acabo de comer*. Esta frase la podríamos traducir por *Ich habe gerade gegessen*.

- Antes de pasar a la siguiente actividad, pregunte a sus estudiantes cuáles de los verbos aparecidos en los ejercicios 3**a** y 3**b** son irregulares. Puede indicarles que en el cuadro al lado del ejercicio pueden observar las conjugaciones.

Observación: en el caso de disponer de tiempo, puede dejar que los alumnos realicen la actividad **2** del apartado **Mi léxico** (véase más sobre este ejercicio en la página 19 de esta guía) o pedir que la realicen en casa.

3c

Indique a sus estudiantes que tienen aproximadamente 3 minutos para completar la tabla y que, transcurrido ese tiempo, deben levantarse y hablar con sus compañeros y preguntarles si ellos coinciden con lo que han apuntado. Si encuentran coincidencias tienen que escribir el nombre del compañero/-a al lado.

Observación: antes de comenzar la actividad, es importante que usted lleve a cabo un breve diálogo con alguno de sus estudiantes para que sirva de ejemplo. Por ejemplo, *Markus, ¿qué has dejado de hacer este año? – (Yo he dejado de fumar) – Pues, yo no he dejado de fumar, porque nunca he fumado. Yo he dejado de hacer deporte porque no tengo tiempo, pero he empezado a comer de forma más saludable.*

→ Ejercicios 7, 8, 9 y 10 págs. 83 y 84.

4 Propósitos para un nuevo año

Objetivos
» Comprender un texto informativo sobre los propósitos de los españoles » Entender y expresar intenciones y deseos propios y de otros » Expresiones para hablar de intenciones y deseos (*pienso, voy a, quiero, espero...*)

4a

- Pídales que, durante la lectura, marquen con un círculo las frases o palabras que no entienden (para ello véase también el punto "Observación").
- Una vez realizada la lectura, ponga en común el trabajo de sus estudiantes. Puede hacerlo preguntando por los objetivos que se proponen y a qué dibujo corresponde. Por ejemplo, *¿cuál es, según el texto, el principal objetivo que se proponen los españoles? ¿A qué dibujo corresponde?*

Observación: tras la puesta en común de los resultados del ejercicio, puede detenerse unos minutos para practicar técnicas de aprendizaje de léxico. Pregunte a sus estudiantes por frases o palabras que han marcado con un círculo (que no entienden) y rebote la pregunta o la duda al pleno de la clase. Por ejemplo: *Sandra no entiende la palabra "revela", en la línea 11, una muestra... revela también...* Pida a sus compañeros que den un sinónimo, parafraseen o expliquen el significado de esa palabra. Si ningún/ninguna compañero/-a puede hacerlo, lo puede hacer usted: *pues podríamos decir que la palabra "revela" es como "expone" o "muestra", del inglés también "to reveal"*. Indique en este momento a sus estudiantes que es muy importante aprender las palabras en contexto, a través de sinónimos, definiciones o a partir de asociaciones con otras lenguas que saben, como el inglés.

Ampliación: si lo cree conveniente y tiene tiempo, puede hacer hincapié en las estructuras que se utilizan en el texto para expresar intenciones y deseos formulando, por ejemplo, la siguiente pregunta: *¿qué verbos se emplean en el ejercicio para expresar intenciones y deseos?* La respuesta sería las estructuras que aparecen en el recuadro de la derecha de la página 11 "Expresar intenciones y deseos". Este ejercicio les servirá para realizar la actividad **4b**.

4b/c

- Pida a sus estudiantes que se agrupen en grupos de tres personas, que discutan sobre los propósitos que son importantes para ellos y que hagan una lista común. Indíqueles que pueden añadir otros que no aparezcan en el texto. Deles a sus estudiantes 5 minutos para elaborar esa lista común. Al final, la expondrán y justificarán al resto de la clase.
- A continuación, apunte en la pizarra campos semánticos a los que se podrían asociar esos propósitos y pregunte a cada uno de los grupos por los propósitos discutidos y a qué campo semántico los asociarían:

> ***estudios:*** *aprobar con mejores notas, …*
> ***en casa/familia:***
> ***salud:***
> ***trabajo:***
> ***dinero:***

- Una vez hayan expuesto todos los grupos, tienen que acordar una lista común (de toda la clase, no solo de cada grupo) que usted puede apuntar ahora en la pizarra por orden de importancia y empleando las estructuras aprendidas:

> ***Los 6 propósitos más importantes para la clase***
> *1. quiere hacer más deporte.*
> *2. va a hacer un viaje.*
> *3. espera pasar más tiempo con la familia y amigos.*
> *4. …*
> *5. …*
> *6. …*

→ Ejercicio 11 pág. 85.

1C PLANES DE FUTURO

5 Dentro de 10 años

Objetivos
» Hablar del futuro dentro de unos años » Revisión de las expresiones para hablar de intenciones y deseos y la estructura de futuro *ir a* + infinitivo » Revisión de las expresiones para dar una opinión sobre lo que dicen otros (*A mí me parece que..., creo que...*) » Formas y uso del futuro simple » Hablar de formas de ser de las personas » Adjetivos de personalidad (*soñador, realista, aventurero,* etc.) » *dentro de* + cantidad de tiempo

5a

Antes de empezar la actividad, explique a sus estudiantes que en este apartado van a aprender a hablar de predicciones e hipótesis sobre el futuro y a dar una opinión. A partir de las imágenes deje que, en parejas, hablen de sus planes de futuro. Para ello se pueden apoyar en el diálogo modelo y reutilizar las estructuras para hablar de planes e intenciones aprendidas hasta el momento. No introduzca todavía el futuro.

Observación: antes de iniciar la actividad en parejas puede poner en común y en el pleno de la clase el significado de la simbología que aparece en el ejercicio. Por ejemplo, *las palmeras significan los viajes que voy a hacer dentro de 10 años*. Puede decir a sus estudiantes que las imágenes, en algunos casos, pueden ser interpretables y que la pareja puede decidir qué significado le da.

5b

Explique a sus alumnos que las imágenes de la actividad anterior se relacionan con el contenido de la actividad **5b**. Explique la actividad e indique a sus estudiantes que, para poder expresar opinión, en el mismo ejercicio aparecen ejemplos: *A mí me parece interesante lo que dice/lo que dicen,...* Una vez realizada la actividad, pregunte a cada pareja por el sueño que le ha parecido más interesante.

Observación: en estos breves textos aparece por primera vez el futuro simple como forma verbal. Es posible que alumnos más atentos le pregunten por la misma. Dígales que la explicación de uso y formación la verán en el apartado **5d**, y que ahora el objetivo es centrarse en el contenido del texto: planes de futuro.

Ampliación: para trabajar más los textos, puede pedirles a sus estudiantes que vuelvan a leerlos y busquen palabras o expresiones que puedan serles útiles. También puede pedirles que las agrupen en campos semánticos. Después recoja todas estas palabras en la pizarra, por ejemplo, de este modo:

vida laboral	*médica, economista, proyectos sin ánimo de lucro, proyectos de investigación, director de cine…*
Vida privada / tiempo libre	*tener familia, tomarse un año sabático, viajar por el mundo…*
Otras expresiones útiles	*me veo trabajando, me veo como…, vivir experiencias…*

5c

Pida a sus estudiantes que, a partir de los sueños leídos en el ejercicio anterior, atribuyan el adjetivo que mejor describa el carácter de cada una de las personas. Dígales que tienen que justificar su elección como en el ejemplo: *Creo que la chica que quiere ser médica es pragmática porque tiene muy claro lo que quiere hacer en la vida: trabajar en un hospital.*
Al final del ejercicio, puede poner en común los resultados del trabajo en parejas y discutir sobre ellos.

Observación: antes de empezar la actividad, asegúrese de que sus estudiantes entienden todos los adjetivos. Para ello, puede comenzar revisándolos y describiéndolos con toda la clase. Usted puede empezar con un ejemplo: *una persona soñadora es aquella que tiene muchos deseos para el futuro, que a veces no son muy realistas*. Para la descripción de esas palabras puede utilizar descripciones y antónimos. Evite trabajar con traducciones.

Ampliación: para ampliar el léxico relacionado con la descripción de personalidades, puede preguntar en el pleno de la clase por otros adjetivos que se pueden atribuir a los estudiantes del ejercicio **5b**. Por ejemplo: *Creo que Jorge es ambicioso*. Tras recopilar otros adjetivos escriba en la pizarra una tabla con dos columnas en las que aparezcan cualidades positivas y negativas. Luego, pida a sus estudiantes que clasifiquen los adjetivos en cualidades positivas y negativas.

positivos	**negativos**
soñador/-a	*aburrido/-a*
…	

5d

Explique a sus estudiantes que en el texto aparece un nuevo tiempo verbal: el futuro simple. Pida a sus estudiantes que vuelvan al texto de **5b** y que marquen con un círculo los verbos.

5e

- En esta actividad, tendrán que completar la tabla con su información y luego con la de su compañero/-a. Para realizar la actividad, puede darles otras posibles preguntas que les sirvan de hilo conductor para preguntar a los compañeros: *¿Cuándo crees que acabarás los estudios? ¿Dónde vivirás dentro de diez años? ¿De qué trabajarás? ¿Dónde estará tu lugar de trabajo? ¿Crees que estarás ya casado y que tendrás hijos dentro de diez años?* Recuerde también a sus alumnos que, a la derecha, encuentran un cuadro explicativo del uso de la estructura *dentro de* para indicar un espacio de tiempo
- Una vez realizada la actividad puede preguntar a cada uno de los grupos en qué aspectos coinciden y apuntar los más importantes en la pizarra.

Ampliación: puede preguntar en el pleno de la clase a algunas personas por alguna información de los compañeros que les parezca interesante. Por ejemplo, *Katrin, ¿hay alguna información sobre el futuro de Jonas que te parece interesante?* De esta forma, se practicarán de nuevo las expresiones para dar opinión.

→ Ejercicios 12, 13, 14, 15 págs. 86 y 87.

6 Titulares de prensa

Objetivos
» Expresar acuerdo o desacuerdo » Estructuras para dar opinión (*estoy totalmente de acuerdo (con)… / estoy de acuerdo porque…; no estoy del todo de acuerdo; en mi opinión / yo pienso / yo creo…*)

6a

- Antes de comenzar la actividad, indique a sus estudiantes que, a la derecha, tienen un cuadro de ayuda que les puede servir para expresar opiniones. Limite la actividad a un máximo de 10 minutos.

A modo de ejemplo, puede leer el primer titular y dar su opinión: *Yo no estoy del todo de acuerdo con el primer titular porque creo que el contacto físico con otras personas es muy importante. No obstante, creo que los jóvenes sí que pasarán más tiempo que ahora conectados a las redes sociales. ¿Y tú, Katharina, estás de acuerdo con este titular?*

- Tras los 10 minutos puede poner en común el trabajo realizado en grupo.

6b

- Tras realizar la actividad **6a**, escriba la siguiente pregunta en la pizarra: *¿cómo pensáis que será el futuro de los jóvenes de vuestro país dentro de 20 años?* Pida a sus estudiantes que, en los mismos grupos en los que se ha trabajado la actividad **6a**, discutan sobre esa pregunta, tomen notas y que, al final, escriban un titular de prensa. Dígales a sus estudiantes que tienen unos 10 minutos para elegir el titular y escribirlo en la pizarra.
- Para cerrar la tarea pida que elijan el titular más realista. Para ello, puede preguntar: *¿Cuál creéis que es el titular más realista? ¿Qué titular creéis que aparecerá en prensa en el futuro?*

Observación: si lo cree conveniente, puede dirigir la atención hacia el uso del futuro simple en los periódicos para predecir acciones futuras distanciándose de lo que otros dijeron.

→ Ejercicio 16 pág. 88.

7 Mis próximas vacaciones

Objetivos
» Entender planes en el periodo vacacional » Usos del futuro simple y de *ir a* + infinitivo » Hablar de planes inmediatos

7a

3

Explique a sus estudiantes que van a escuchar a cuatro jóvenes españoles que hablan de sus planes de verano. Para facilitarles la comprensión de la audición, pídales que lean el enunciado y las opciones. Luego, indíqueles que solo van a escuchar una vez la audición. Después pídales que comparen sus respuestas.

7b/c

- Pídales que se fijen en las formas verbales y estructuras utilizadas para expresar hechos en el futuro. Deje que las marquen y que comparen, en parejas, lo que han subrayado. Después, pídales que lean el cuadro explicativo que aparece en la página 14, "Expresar hechos en el futuro". Para facilitar la comprensión, puede esquematizar en la pizarra la explicación. Explíqueles que, al igual que con el uso del *perfecto / indefinido* que ya aprendieron en el nivel A2, el hablante puede elegir el modo de lo que quiere expresar, es decir, la intención que quiere dar a la información. Si usa el *presente* o la forma *ir a + infinitivo*, estará situándose dentro del mismo espacio temporal o ve el acontecimiento como más decidido. Si utiliza el *futuro simple*, ve la acción que también tendrá lugar en un futuro menos actual, más lejana, o no se quiere implicar tanto y en consecuencia, toma distancia. Por ejemplo en el lenguaje periodístico se hace uso a veces de este tipo de futuro.

Aquí = el hablante lo ve más actual, más cercano.	**Allí** = el hablante lo ve menos actual o menos cercano.
↓	↓
Presente Ir + a + infinitivo	Futuro simple

- Tras la visualización del cuadro explicativo, deje que los estudiantes realicen la actividad **7c** y pongan en común sus respuestas.

Observación: si han quedado dudas, puede completar la actividad con los ejercicios **1** y **2** de la página de **Mi gramática** (pág. 16).

7d

Observación: al final del ejercicio, en el pleno de la clase, puede preguntar a algunas parejas si coinciden en los planes que tienen para esa tarde y fijarse en si los estudiantes hacen un buen uso de los tiempos verbales. Si no es así, puede volver a hacer una reflexión sobre la diferencia en el uso de esos tiempos verbales.

→ Ejercicios 17, 18, 19 págs. 88 y 89.

NUESTRO PROYECTO

Objetivos
» Reflexionar y discutir sobre los 10 propósitos en el semestre para la clase de español » Escribir sobre cómo será el futuro en 25 años en relación a ámbitos como la universidad, el trabajo, la familia, las relaciones sociales y los viajes

a/b

Explique a sus estudiantes en qué consiste el proyecto final de la unidad. En primer lugar, tienen que formar grupos de tres y discutir sobre las preguntas que aparecen en la actividad **a**. Luego, a partir del ejercicio anterior tienen que pasar a la actividad **b**, en la que deben elaborar una lista de 5 propósitos para la clase de español. Limite el tiempo de estas dos actividades a 15 minutos. Al final, cada grupo presentará su lista en el pleno de la clase.

c

Una vez transcurrido el tiempo previsto, cada grupo presenta en el pleno de la clase su lista. Usted tendría que apuntar en la pizarra los propósitos y, en caso de repetirse alguno, puede marcarlo con ✓.

1. Realizar muchas actividades orales para poder comunicarnos de forma fluida en español. ✓✓

Escribimos

- Para facilitarles la tarea, comience haciendo, a partir de los ámbitos que se proponen, una lluvia de ideas. Por ejemplo, para el tema universidad: *La universidad en 25 años funcionará básicamente por internet.* Deje que reflexionen en grupos.
- Transcurrido el tiempo previsto y a modo de resumen, usted puede apuntar en la pizarra los temas y una palabra que resuma la frase.

universidad	*por internet, ...*
trabajo	
familia	
relaciones sociales	
viajes	

- Si decide que la actividad de escritura sea individual y además no dispone de demasiado tiempo, pídales que la realicen en casa. Indique a sus alumnos que en el ejercicio encuentran estructuras y una serie de conectores y expresiones que les pueden ayudar a cohesionar mejor el texto. Anímeles a utilizar estas expresiones y otras que conozcan.

Si dispone de plataforma Moodle, les puede pedir que cuelguen sus reflexiones en la WIKI.

MI GRAMÁTICA

Recuerde que este apartado está pensado como profundización o refuerzo de algunos de los temas gramaticales de la unidad que pueden necesitar de una mayor reflexión. Dependiendo del tiempo del que disponga, puede optar por hacer estas actividades en clase en el momento adecuado de la unidad (en este caso durante o tras la actividad **7**); o por el contrario, puede pedir a sus alumnos/-as que los hagan en casa y después ponerlos en común en la siguiente clase.

MI LÉXICO

1 Campos semánticos

En esta actividad, los estudiantes revisan y amplían campos semánticos de acciones con complementos directos determinados. Si no dispone de tiempo, deje que realicen esta actividad en casa.

2 Perífrasis verbales

2a

En esta actividad, los estudiantes llevan a cabo una reflexión sobre los usos de los verbos *dejar, seguir* y *llevar* cuando son el verbo principal de la frase o cuando se unen a otro verbo. En este último caso, revisan los matices que estos verbos aportan a los verbos no conjugados (en infinitivo y gerundio), ya que pierden su información semántica.

2b

En este ejercicio los estudiantes parafrasean las frases usando las perífrasis verbales. De esta manera, aprenden a utilizar diferentes recursos lingüísticos para expresar lo mismo. Por ejemplo: "Juan vive todavía con sus padres." → "Juan sigue viviendo en casa de sus padres." En este caso el adverbio *(vive) todavía* expresa lo mismo que *sigue viviendo*.

CULTURA

Objetivos

» Presentar el calendario académico y funcionamiento de una universidad argentina » Reflexionar sobre las diferencias y similitudes con el propio calendario

a

Si no dispone de tiempo en clase, puede pedirles a los alumnos que preparen esta actividad **a** en casa. Aproveche también las respuestas de los alumnos para trabajar un poco más el calendario de forma sociocultural. Pídales que, además de contestar las preguntas, investiguen en Internet sobre las fiestas que aparecen en el calendario. Por ejemplo, sobre el "Día Nacional por la memoria de la Verdad y la Justicia", el "Día de la Revolución de Mayo", etc. Sería interesante que contaran qué acontecimiento es el que se celebra, cuándo tuvo lugar y qué tipo de celebración es (política, histórica, religiosa, etc.). Pídales también que marquen en el calendario aquellas palabras o expresiones que hacen referencia al mundo académico (dictar clases, llamados, asignaturas cuatrimestrales).

b

- Tras el trabajo previo de la actividad **a**, pida a sus estudiantes que, en pequeños grupos, hagan una lista de las diferencias y semejanzas entre el propio calendario académico y el de esta universidad argentina.

- Haga una puesta en común del trabajo realizado en grupos. Usted puede apuntar en la pizarra de forma resumida lo que van diciendo sus alumnos:

Diferencias	*Similitudes*
Inicio: marzo/agosto *Duración: cuatrimestres* ...	*Exámenes finales: julio/agosto* ...

Ampliación: al finalizar la actividad puede preguntar en el pleno de la clase si hay algún/alguna alumno/-a que haya estado estudiando en Argentina. En caso de que sea así, puede preguntar por las ventajas e inconvenientes del calendario académico argentino. Si en su clase hay estudiantes de otros países, puede preguntarles si el calendario universitario es parecido al de Alemania o al de Argentina.

Mis viajes

Antes de comenzar con la primera actividad de la unidad, puede reactivar el conocimiento previo de los alumnos sobre el tema *viajes*. Sin abrir el libro, dígales a sus estudiantes que tienen 5 minutos para reflexionar sobre qué temas relacionan con la noción viajes y cuáles creen que aparecerán en la unidad. Pídales que elaboren, en grupos de tres personas, una lista. Transcurrido el tiempo, puede poner en común el trabajo realizado en grupos y apuntarlos en la pizarra. Además, puede relacionarlos con los temas que se van a tratar en la unidad 2, por ejemplo, *países y geografía, tipos de alojamiento, actividades* y *objetos necesarios para viajar*, entre otros.

VIAJES

Tipología de viajes: de ocio, de negocios, etc.
Tipos de alojamiento: hotel, albergue, cámping, etc.
Ropa para tipos de viaje: botas de montaña, sombrilla, etc.
Países (geografía): Argentina (Patagonia), etc.
Tipos de actividades: surfing, caminar, nadar, etc.

PORTADA

Objetivos
» Hablar de tus preferencias a la hora de viajar » Hablar de objetos especiales que se necesitan para cierto tipo de viajes » Describir un viaje: ruta y actividades » Hablar de contratiempos en un viaje » Contar una anécdota y reaccionar

Introduzca la actividad de la portada tal y como aparece en el libro. Explique a sus alumnos que pueden realizar, en primer lugar, la actividad en parejas y que luego pondrán los resultados en común.

Ampliación: si quiere dar una oportunidad a los alumnos de fijar el vocabulario, puede pedirles que cierren el libro y, con un/a compañero/-a, traten de recordar todos los objetos que aparecen en la portada.

2A MIS VIAJES

Antes de comenzar con esta parte de la unidad, deténgase en el título y en los objetivos comunicativos, léxicos y gramaticales de esta parte **A**. Para iniciarles en el tema pregunte a sus alumnos si han viajado a algún país latinoamericano y en caso de haberlo hecho dónde han estado y en qué lugares. De esta manera podrá incorporar sus propias experiencias antes de iniciar la actividad **1**. Apunte estos lugares en la pizarra y pregunte a estos alumnos por qué eligieron estos destinos. ¡Con un poco de suerte, alguien del grupo habrá estado en Centroamérica!

1 Destinos en Centroamérica

Objetivos
» Hablar de diferentes tipos de viajes y preferencias » Describir la ruta de un viaje » *Me gustaría, preferiría, me interesaría* » Campo léxico de los viajes (geografía, objetos, actividades) » Adjetivos para valorar a una persona

1a/b
En el ejercicio aparece vocabulario que sirve como estímulo a las respuestas que pueden dar los estudiantes: "de sol y playa, de aventura, cultural, deportivo, urbano, activo, de descanso". A continuación, explique a sus estudiantes que tienen 5 minutos para leer los textos y subrayar las palabras que les han ayudado a resolver la primera pregunta. En la actividad **1b** tendrán la oportunidad de clasificar el vocabulario que aparece en el texto. Ponga en común las respuestas de **1b** en la pizarra.

Observación: antes de comenzar la actividad, asegúrese de que conocen las expresiones que aparecen en ella y, en caso de no entenderlas, puede rebotar la pregunta al resto de la clase. Por ejemplo, *¿qué actividades podrían asociarse a "turismo de aventura"?* Si ve que ningún/ninguna estudiante responde a la pregunta, puede responder usted mismo/-a *hacer submarinismo*, por ejemplo.

1c

Indíqueles que, en primer lugar, pueden realizar la lista de forma individual y luego completarla con el/la compañero/-a. Usted puede pasar por los grupos para apoyar el trabajo en parejas.

1d

Observación: antes de iniciar la actividad, practique con sus estudiantes los usos de los verbos para expresar gustos y preferencias en condicional. Puede comenzar con un ejemplo: *A mí me encanta hacer submarinismo, surf y escalada, por eso preferiría ir a Panamá, ¿y tú Katharina?* Dé unos 5 minutos para que sus estudiantes realicen el ejercicio en parejas y al acabar la actividad puede hacer una breve reflexión sobre los usos del condicional simple y compararlo con la estructura alemana y sus usos.

2 Un viaje inolvidable...

Objetivos
» Hablar de diferentes tipos de viajes y preferencias
» Campo léxico de los viajes (geografía, objetos, actividades) » Adjetivos para valorar a una persona

2a

Antes de pasar a realizar el ejercicio **2a**, pida a sus alumnos que cierren el libro y que respondan a las dos preguntas que usted va a escribir en la pizarra:

¿Cuántos países conforman Centroamérica?
¿Cómo se llaman?
¿Sabes sus capitales?

Esta actividad la puede realizar en el pleno e ir apuntando las aportaciones de los estudiantes. Puede dedicar 3-5 minutos a esta actividad. Una vez hayan reactivado sus conocimientos sobre los países latinoamericanos, diga a sus estudiantes que pueden abrir el libro por la página 21. En el mapa de la actividad **2a**, sus estudiantes podrán comprobar por qué países está formada Centroamérica.

- A continuación, pida a sus estudiantes que formen grupos de tres o cuatro personas, elijan 4 países y escriban lo que saben sobre esos países, por ejemplo, qué lenguas se hablan, qué paisajes hay o qué ciudades conocen. Indique a sus estudiantes que disponen de 10 minutos para la actividad. Transcurrido ese tiempo ponga en común el trabajo en grupos y apunte en la pizarra las informaciones más importantes de cada grupo referente a cada país. Si faltan informaciones, puede preguntar a otros grupos.

	Lenguas	*Paisajes*	*Ciudades*	*Otras informaciones*
Guatemala				
Belice				
El Salvador				
Honduras				
Nicaragua				
Costa Rica				
Panamá				

2b/c

4

Antes de escuchar la audición, deje que los/las estudiantes lean las preguntas a las que tendrán que contestar y asegúrese de que las entienden. Avise a sus estudiantes de que escucharán una vez ese relato y que después pondrán en común sus notas con otros dos compañeros. Tras comparar lo que han entendido, volverán a escucharlo otra vez.
Al final, puede poner en común en el grupo de clase las respuestas de sus estudiantes.

2d

Alternativa: antes de empezar la actividad, puede realizar un ejercicio de ampliación de léxico. Pida a sus alumnos que busquen posibles antónimos a los adjetivos propuestos. Por ejemplo, las palabras *aventurero* y *atrevido* son antónimos de *miedoso*. De esta forma, estará fomentando el aprendizaje del léxico de forma estratégica. Tras este ejercicio de ampliación del vocabulario, tienen que describir a Fernando a partir de 2 o 3 adjetivos y razonar su opinión. Dígales a sus estudiantes que disponen de 5 minutos para realizar la actividad. Al final, pueden comparar sus respuestas en grupos de tres personas y usted puede pasar por los grupos y aclarar posibles preguntas.

Observación: si lo considera necesario, puede remitir a sus alumnos a la actividad **1** de la página

Mi léxico (pág. 29). En esta actividad tienen la oportunidad de recoger el vocabulario aprendido hasta este momento en la unidad y que ellos consideran importante.

→ Ejercicios 1-8 págs. 90-93.

Observación: la primera actividad del apartado **2B** incluye la lectura de un texto bastante largo. En caso de no disponer de tiempo suficiente, pídales a los alumnos que preparen la actividad **3a**, incluyendo la lectura, previamente en sus casas.

2B UNA EXPERIENCIA INOLVIDABLE

Deténgase en primer lugar en el título de este apartado **B** "Una experiencia inolvidable", y pregunte a sus estudiantes por viajes que ellos han hecho y consideran inolvidables. Pídales que citen los lugares y la razón por la que consideran que fue un viaje especial. Haga una lista en la pizarra. De esta manera, estará adelantando el tema y vocabulario que pueda aparecer o ser útil en este nuevo apartado. Lea después con ellos los objetivos comunicativos, gramaticales y léxicos que se plantean.

3 Un voluntariado en Nicaragua

Objetivos
» Contar un viaje y valorarlo » Conectores causales y consecutivos » Tiempos verbales del pasado » Pretérito pluscuamperfecto » Adjetivos para valorar un viaje

3a

En el caso de que usted haya optado por la lectura previa del texto en casa, pregunte con antelación a sus estudiantes dónde estuvo la protagonista, para qué y por qué fue una experiencia inolvidable. Apunte luego lo que digan sus alumnos en la pizarra.

Dónde	*Para qué*	*Por qué*

- En el caso de que la lectura se realice en clase, deles a sus alumnos un tiempo límite para la lectura del texto, por ejemplo, 5 minutos, y pídales también que contesten las tres preguntas de la tabla que le hemos dado arriba antes de pasar a realizar las preguntas de comprensión que se les propone tras la lectura del texto.
- En caso de que surjan dudas de vocabulario, se recomienda que rebote la pregunta al grupo de clase. Por ejemplo: *Tanja no entiende la palabra "manualidades", "hacer manualidades". ¿Alguien puede explicarle o darle un ejemplo de lo que puede ser "hacer manualidades"?* Pida a sus estudiantes que intenten evitar las traducciones al alemán.
- A continuación, puede revisar en el pleno las respuestas sobre las preguntas del texto que aparecen en la parte inferior de la página, o en el caso de que hayan realizado la lectura del texto en clase, déjeles un poco de tiempo para contestar las preguntas. A partir de ellas, los alumnos realizarán una nueva lectura del texto, pero esta vez más detallada.

Observación: es posible que al haber realizado la lectura del texto, se hayan dado cuenta de que en el texto se introduce un nuevo tiempo del pasado: el pretérito pluscuamperfecto. En el caso de ser así, remítales a la actividad **c** y a la caja explicativa.

3b/c

Observación: en el caso de haber realizado la actividad **c** a continuación de la actividad **a**, continúe con la actividad **b**. Deje que la resuelvan individualmente y, después, ponga en común las respuestas y aclare posibles preguntas. Si considera necesario una profundización en el tema, puede remitirles a la actividad **1** de la página *Mi gramática* y dejar que la resuelvan, o, en caso de no tener tiempo suficiente, que lo hagan en casa.

3d

Deje que resuelvan la actividad en parejas y revise las respuestas en el pleno de la clase.

Ampliación: pida a sus estudiantes que escriban una frase para cada una de las expresiones. De esta manera, podrá comprobar si han comprendido su uso. Aproveche también para remitirles a la actividad **2** de la página *Mi gramática*, donde, además, se explica la diferencia de uso entre *porque* y *como*.

3e

Antes de formar grupos, pídales que reflexionen de forma individual sobre las preguntas que aparecen en el ejercicio **3e** y tomen notas de las respuestas que dan a esas preguntas. Limite esta fase de preparación a 5 minutos. A continuación comience con el trabajo en grupos. Cada persona tiene aproximadamente 3-5 minutos para hablar y los demás pueden hacerle preguntas. Usted puede pasar por los grupos y aclarar posibles preguntas.

→ Ejercicios 9-13 págs. 93-96.

2C ANÉCDOTAS DE VIAJEROS

Antes de comenzar con el apartado **C**, lea el título y los objetivos marcados. De esta manera podrá situarlos mejor en el contenido de este apartado, donde tendrán como objetivo comunicativo principal la narración de una anécdota.

4 ¡Vaya desastre!

Objetivo
» Hablar de contratiempos » Narrar una anécdota y valorarla » Interaccionar durante un relato » Impersonalidad en la 3.ª persona del plural

4a/b

Antes de empezar con la actividad **4**, pregunte a sus estudiantes en qué situaciones se podría utilizar la frase "¡Vaya desastre!". Puede completar los contextos que exponen sus estudiantes, si es necesario, para que se entienda mejor.

- Pase ahora a la actividad **4a** y deje que, de forma individual, tomen notas de las experiencias vividas en la tabla. Para ello no es necesario que escriban frases completas, sino solo palabras clave que después les sirvan como base para el trabajo en parejas. Una respuesta podría ser: extraviar la maleta – hace dos años – en un vuelo a Nueva York.
- Una vez realizada la reflexión individual, anime a sus estudiantes a que comparen sus experiencias. El diálogo modelo les puede servir de apoyo. Anímeles a que la conversación sea lo más fluida posible y a que se pregunten por otros detalles que les puedan interesar. Recuérdeles que, en esta fase de la actividad, no deben tener miedo al error. Después, en la actividad **b**, se podrá hacer un análisis de las dudas o errores que hayan podido surgir.

Observación: antes de empezar el ejercicio, puede escribir la siguiente frase en la pizarra *"¿Te han extraviado alguna vez la maleta?"*. Pregúnteles quién extravió la maleta. Si sus estudiantes no han sabido averiguarlo, puede explicarles que este tipo de construcción se utiliza para expresar impersonalidad y para centrarse en la acción y no en la persona que lo realiza.

→ Ejercicio 14 págs. 96 y 97.

5 ¡Menuda aventura!

Objetivos
» Hablar de contratiempos » Interaccionar durante un relato » Conectores para narrar una anécdota » Adjetivos para valorar

5a/b

Después de realizar la actividad **5a** (descripción de la situación de las fotos e hipótesis sobre lo que puede haber ocurrido), pida a sus estudiantes que, en primer lugar, lean uno de los textos del ejercicio **5b** y apunten las palabras clave que resumen la historia. Luego, tienen que explicársela a su compañero/-a.

Observación: antes de empezar este ejercicio introductorio, puede revisar con sus estudiantes las frases para expresar opinión: *creo que, pienso que, me imagino que, en mi opinión, me parece que,...*

5c

Antes de realizar el ejercicio **5c**, asegúrese de que los estudiantes entienden los adjetivos que aparecen en el ejercicio para describir las historias. Para ello, puede pedirles que construyan frases en las que utilicen esos adjetivos para entender mejor su uso y significado. También puede relacionar las palabras que son sinónimas. Por ejemplo: *El viaje a México fue increíble / maravilloso. Hicimos tantas actividades al aire libre que pudimos disfrutar de toda su fauna y flora.*

5d

Para introducir el ejercicio, puede explicar a sus estudiantes que el uso de conectores es trascendental a la hora de construir textos y, en especial, en el relato de historias. Explique a sus alumnos que en este ejercicio van a analizar el uso de algunos y que, para ello, es importante conocer su uso en contexto, es decir, en la frase.

- Antes de realizar la actividad en parejas, invite a sus alumnos a hacer una reflexión en común sobre un conector. Por ejemplo, a partir del conector *pues bien* en la frase que aparece en el texto: *Pues bien, resulta que el verano pasado...*, pregunte a sus alumnos cómo se puede traducir ese conector al alemán ("also gut", "nun (gut)"). Sus estudiantes pueden dar otros ejemplos de frases en las que se podría utilizar, y así valorar si hacen un buen uso de ese conector.
- A continuación, diga a sus alumnos que, en parejas, pueden realizar el ejercicio **5d** y descubrir el uso y

significado de esas expresiones. Al final, puede poner en común el ejercicio y escribir en la pizarra los resultados del trabajo en parejas.

→ Ejercicio 15 págs. 97 y 98.

6 ¡Qué gracioso!

Objetivos
» Narrar una anécdota y valorarla » Interaccionar durante un relato » Conectores para narrar una anécdota » Expresiones para contar una anécdota y para reaccionar » Adjetivos para valorar

6a
Se trata de un ejercicio introductorio a los ejercicio **6b** y **6c**, en el que sus estudiantes van a revisar el uso de los tiempos del pasado y las expresiones en el relato de anécdotas.

6b
5

Ampliación: tras haber escuchado una vez la historia y contestar la actividad **6b**, pida a sus alumnos/-as que pongan en común los detalles que han entendido durante la audición. De esta manera realizarán no solo una comprensión global, sino también una audición detallada.

6c
- A continuación, explique a sus alumnos que van a volver a escuchar la historia. En esta ocasión tienen que concentrarse en las expresiones y marcar las que escuchan para analizar su uso y significado.
- Puede volver a escuchar la historia en el caso de que sea necesario. Al final, ponga en común los resultados del ejercicio.

Observación: en el caso de disponer de tiempo y dependiendo de las necesidades de sus alumnos, puede introducir en este momento la realización de las actividades **3** y **2**, de las páginas **Mi gramática** y **Mi léxico**, respectivamente.

6d
En este ejercicio sus estudiantes tienen el principio de siete situaciones o anécdotas. Anime a sus alumnos a desarrollar un diálogo similar al que aparece en el diálogo modelo, de tal forma que utilicen las expresiones trabajadas en el ejercicio **6c**.

6e
Ampliación: tras elegir en cada grupo la anécdota más sorprendente, anime a cada grupo a que cuenten la anécdota al resto de la clase y entre todos le pongan un título.

→ Ejercicios 16, 17 y 18 págs. 98 y 99.

NUESTRO PROYECTO

Objetivo
» Contar una anécdota

a
- Antes de empezar la actividad, puede preguntar a sus estudiantes si conocen las historietas de Quino, un humorista e historietista argentino, famoso sobre todo por la tira cómica *Mafalda*, publicada entre el 1964 y 1973.
- Deje a sus alumnos unos 10 minutos para recoger todas las palabras o vocabulario que puedan necesitar. Después pídales que las pongan en común con el resto de la clase. Usted o un/a alumno/-a puede hacer una lista de las mismas en la pizarra. Tenga en cuenta que, para la acción de algunas de las viñetas, necesitará vocabulario más o menos específico del campo de las leyes, como *juez, juzgar, comisaría de policía, presentarse ante un tribunal.* Son palabras que sus alumnos aún desconocen, anímeles a utilizar un diccionario para buscar todas aquellas expresiones que puedan necesitar.

b/c
Realice las actividades **b** y **c** tal y como aparecen en el libro. Deje que los alumnos trabajen en parejas. Paséese por los grupos y vaya respondiendo posibles dudas o preguntas. Recuérdeles que, para hacer la actividad, pueden utilizar algunas de las expresiones que vieron en **6c**.

Escribimos
En el caso de no disponer de tiempo suficiente, puede pedir a sus alumnos que la realicen en casa. Si dispone de plataforma, puede incluso animarles a abrir un espacio wiki donde se recojan todos los textos de sus alumnos. Anime a sus estudiantes a leer las anécdotas de los compañeros y a comentarlas.

MI GRAMÁTICA
Esta página se puede trabajar tras las actividades de la clase, como ya se ha indicado en la guía, o bien al final de la unidad.

1 Pretérito pluscuamperfecto

En esta actividad el/la estudiante puede profundizar en los usos de los tiempos del pasado. Si lo considera adecuado, puede trabajarla inmediatamente después de la actividad **3c**.

2 *Porque, como, por eso, así que, de modo que, por lo tanto*

Se revisa el uso de los conectores en frases, es decir, en contexto. Si lo considera necesario, puede trabajar esta actividad después de la actividad **3d**.

3 Reacciones

6

Esta actividad le puede servir para reforzar la comprensión de los nuevos contenidos trabajados en la actividad **6c**.

MI LÉXICO

1 Asociogramas

Esta actividad está pensada como cierre del apartado **A**.

2 Reacciones

Esta actividad le puede servir para reforzar la comprensión de los nuevos contenidos trabajados en la actividad **6c**.

CULTURA

Objetivos
» Conocer países hispanohablantes (las Islas Galápagos) » Conocer los comportamientos irresponsables de los turistas en las Islas Galápagos
» Discutir sobre los problemas medioambientales del turismo

a/b

En el caso de no disponer de tiempo, puede pedirles a sus alumnos que preparen las actividades **a** y **b** en casa.
Al día siguiente haga una puesta en común en el pleno de la clase e intente ampliar las informaciones del texto.

c

Realice el trabajo de la actividad tal y como se propone en el libro. Después, a medida que los grupos van presentando su lista, puede ir apuntando en la pizarra la lista de los problemas ambientales que han recogido y las posibles soluciones que ofrecen los grupos. Esta actividad con apoyo visual les ayudará a memorizar el vocabulario más relevante sobre el tema.

Problemas medioambientales	*Solución*
- fotografiar animales con flash	*- prohibir la realización de fotos*

¡Cambiemos el mundo!

PORTADA

Objetivos
» Hablar sobre problemas generales (economía, sociedad, educación, etc.) » Dar opinión » Justificar opiniones

- Antes de hacer la actividad que se propone al final de la página, deje que sus alumnos observen las imágenes y que expliquen con sus propias palabras lo que ven. Las pancartas que portan los manifestantes les darán bastante información. Aparentemente, todas las imágenes son iguales, pero no todas reivindican o protestan por lo mismo. Vaya apuntando en la pizarra lo que mencionan. Recuérdeles que en el nivel A2 ya tuvieron una unidad, la número 13, en la que trabajaron vocabulario que aquí pueden utilizar, como por ejemplo, *protesta* o *manifestación*. Deje que los alumnos tomen riesgos, de esta manera entre todos reactivarán conocimientos que parecían olvidados.
- Una vez trabajadas las imágenes, deje que lean los textos que las acompañan y realicen la actividad tal y como aparece en el libro. Asegúrese de que sus estudiantes entienden el vocabulario que se acompaña y se propone en la actividad. A continuación, comience con la primera imagen y lance la pregunta: *¿A qué problema creéis que hace referencia la imagen número 1?* Indique a sus estudiantes que en el ejercicio encuentran posibles problemas relacionados con las imágenes.
- Después, pídales que comparen con el/la compañero/-a las respuestas y las justifiquen.
- Una vez transcurridos los 5 minutos, puede poner en común el trabajo en parejas.

3A REIVINDICACIONES

Antes de comenzar con el apartado **A** de la unidad, asegúrese de que sus estudiantes sepan lo que significa el título del apartado. Luego lea con ellos los objetivos de esta parte de la unidad.

1 Exigimos

Objetivos
» Expresar deseos y necesidades » Conectores para argumentar » El presente del subjuntivo y su uso con deseos y peticiones » Temas sociales, políticos y económicos

1a

- Antes de empezar el ejercicio **1a**, puede preguntar a sus estudiantes en qué contextos utilizaríamos el verbo "exigimos". Luego puede preguntar también por otras palabras que se podrían utilizar en los mismos contextos, como "pedimos", "queremos" o "deseamos".
- A continuación, pida a sus estudiantes que en parejas realicen la actividad.
- Tras realizar la actividad, pídales que pongan en común los resultados. Apunte en la pizarra las reivindicaciones de cada persona y el problema social de la página 31 con el que está relacionado.

	Reivindicación	*Problema social*
1.	*- Una universidad para todos* *- Bajada del precio de las matrículas universitarias*	*Privatización de la educación*
2.		
3.		
4.		
5.		
6.		
7.		

Observación: si dispone de tiempo, trabaje conjuntamente con la clase el nuevo vocabulario que aparece en esta actividad. Para ello puede remitir a sus estudiantes a la página 41, actividad **1**, en la página **Mi léxico**. En esta actividad se les pide que clasifiquen algunas palabras según campos semánticos, así como algunos verbos y sus complementos.

1b

- Para realizar esta actividad tendrán que hacer uso de los conectores argumentativos. Para ello disponen de diferentes conectores como *porque*, *ya que* y *pues*. La información sobre el uso de esos conectores la tienen en el recuadro "Para argumentar", junto a la actividad. Para ejemplificar el uso de esos conectores, puede comenzar usted dando su opinión y luego rebotar la pregunta a algún estudiante de la clase: *Para mí, la más fácil de solucionar es la petición número 5, la prohibición de las corridas de toros, ya que actualmente la mayoría de la sociedad española no apoya la celebración de esta tradición, ¿y para ti, Paula?*
- Después puede poner en común las discusiones de los grupos y apuntar en la pizarra las 3 peticiones que, para la clase, son más fáciles de solucionar, al igual que las más complicadas.

Más fáciles de solucionar	Más complicadas de solucionar
1.	
2.	
3.	

Observación: si en la puesta en común se da cuenta de que sus estudiantes hacen un mal uso de los conectores, puede aprovechar la ocasión para volver a explicar su uso. Por ejemplo, el conector *ya que* no puede aparecer de forma antepuesta en la frase.

1c

- En esta actividad descubrirán un nuevo tiempo verbal: el presente de subjuntivo, así como un primer uso: el uso de subjuntivo con las matrices de deseo y petición. Deje que realicen la actividad de forma individual.
- Luego, pida a sus estudiantes que se reúnan en parejas y comparen sus resultados. Usted puede pasar por los grupos y resolver posibles preguntas o problemas.
- Al final del ejercicio, puede lanzar preguntas que ha tenido en los grupos e indicarles que en la página 33 tienen un cuadro resumen de los usos. Además, puede revisar con sus estudiantes las formas de los verbos regulares e irregulares en presente de subjuntivo que aparecen en la página 33 y practicarlas con un dado.

Observación: si dispone de tiempo en clase, también puede ampliar la actividad haciendo la actividad 1, que se propone en la página **Mi gramática** de esta unidad. Allí se profundiza mejor en la alternancia infinitivo-presente de subjuntivo con este tipo de matrices (deseos y peticiones).

1d

- Indique a sus estudiantes que van a escuchar la audición dos veces. Deje que realicen la actividad como se indica en el libro.
- Tras haber escuchado las audiciones, pida a sus alumnos que comparen con su compañero/-a las notas que han tomado y que asignen a cada persona un adjetivo de los que aparecen en el ejercicio. También pueden completar esos adjetivos con otros que conozcan.
- Ponga en común los resultados del trabajo en parejas. Pida a una persona de cada pareja que escriba en la pizarra las informaciones más importantes y los adjetivos asignados para cada persona. Usted puede preguntar al grupo de clase si está de acuerdo con las informaciones o si hay propuestas de mejora.

Informaciones	Adjetivos
1.	
2.	
3.	

1e

- Realice la actividad tal y como se indica en el libro.
- Una vez transcurrido el tiempo previsto, cada grupo tiene que presentar la protesta al grupo clase. Usted puede hacer en la pizarra una lista de los problemas que se han mencionado durante las presentaciones de los grupos.

1f

- Pida a sus estudiantes que, en grupos de tres personas, discutan sobre la pregunta: *¿Cómo pensáis que son los jóvenes de tu país en relación a la política?*
- Una vez transcurrido el tiempo previsto, pida a los grupos que se reúnan con otro grupo e intercambien las opiniones discutidas anteriormente. Usted puede pasearse por la clase y aclarar preguntas.
- Al final del ejercicio, puede hacer un resumen de lo que ha ido escuchando en los grupos.

→ Ejercicios 1, 2, 3 y 4 págs. 100 y 101.

3B NUESTRO FUTURO

Antes de comenzar con este apartado **B** lea con los alumnos los objetivos comunicativos, léxicos y gramaticales de esta parte de la unidad.

2 Los jóvenes y su futuro

Objetivos
» Comprender un breve texto sobre economía, sociedad y educación. » Reaccionar ante una información nueva » Uso del imperfecto para hablar de informaciones nuevas » Campo léxico de temas sociales, políticos y económicos

2a

- En esta actividad tienen que leer el resultado de la encuesta "El futuro ya llegó" que ha sido realizada a jóvenes de Iberoamérica sobre su visión del futuro. Si quiere antes de empezar, puede explicarles o pedirles que busquen en Internet, qué se entiende por el término *Iberoamérica* y contrastarlo con otros, como *Latinoamérica* o *Hispanoamérica*. Es importante que los alumnos entiendan que los términos no son intercambiables y que su uso implica la inclusión de un país u otro. El término Iberoamérica incluye toda la América hispano- y lusoparlante, además de España y Portugal; el término Latinoamérica, acuñado por los franceses, incluye toda la América que habla lenguas románicas (español, portugués y francés), y por último, con Hispanoamérica se hace alusión solo a aquellos países donde se habla español.
- A continuación deje que realicen la actividad tal y como se indica en el manual. Informe a sus estudiantes de que para indicar informaciones desconocidas, pueden usar la expresión *"Yo no sabía que... / Yo ya sabía que el... es/era... etc."* Usted puede pasar por los grupos para resolver preguntas o dudas.

2b

- Deles a sus alumnos 10 minutos para realizar la actividad tal y como se propone en el libro. Una vez transcurrido el tiempo, pida a sus estudiantes que comparen con su compañero/-a sus respuestas.
- Al final de la actividad, usted puede preguntar a sus alumnos si en el trabajo en parejas ha habido alguna información o pregunta que no hayan podido resolver, y así aclararla en el pleno de la clase.

Ampliación: 1. Puede volver a revisar los países de Centroamérica y ampliar conocimientos sobre los países de la Región Andina y Cono Sur. La ficha de trabajo la encontrará en nuestra página web www.hueber.de/universo bajo los enlaces "Unterrichten" o "Lernen".
2. Como el texto que acaban de leer contiene bastante vocabulario nuevo e importante, puede pedirles a los alumnos que seleccionen 5 verbos y 10 sustantivos que les gustaría incluir como vocabulario importante de la unidad. Recuérdeles que es importante que aprendan vocabulario de forma no aislada, es decir, en el caso de los verbos, deberían fijarse en los complementos que los acompañan.

2c

8–11

- Indique a sus estudiantes que van a escuchar la audición dos veces.
- Tras haber escuchado las audiciones, pida a sus alumnos que comparen con su compañero/-a las notas que han tomado.
- Al final de la actividad y para acabar de comprobar las respuestas correctas, diga a sus estudiantes que van a volver a escuchar la audición. Pare la audición después de que haya hablado una persona para dejar clara la respuesta. En caso de que aún haya preguntas, rebótelas al resto de la clase.

2d

- Pida a sus estudiantes que, de forma individual, completen el párrafo, en el que van a describir la situación social actual en su país.
- Tras haber realizado la actividad individual, explique a sus estudiantes que tienen que formar grupos de tres personas e intercambiar sus opiniones en base a los textos que han escrito. Usted puede comenzar con un ejemplo y lanzar una pregunta a algún estudiante de la clase: *Yo creo que el principal problema de mi país es..., seguido..., ¿y tú qué piensas, Peter?* Al final de ese intercambio dentro del grupo, tienen que escribir los dos problemas más importantes que se han mencionado en el grupo, cada uno en una papeleta, para presentarlos al resto de la clase.
- Durante la realización del ejercicio, usted puede pasar por los grupos para aclarar preguntas o dudas.
- Al final, pida a cada grupo que presente los dos problemas que se han mencionado y que les entregue las papeletas para poder colgarlas. De esta manera, tendrá una lista de los problemas que más se han mencionado en los grupos.

→ Ejercicios 5-10 págs. 101-104.

3C DERECHOS

Antes de comenzar con esta parte de la unidad, asegúrese de que los alumnos entienden el título. Pregúnteles también qué tipo de derechos conocen. Lea a continuación también con ellos los objetivos marcados.

3 Movimientos sociales

Objetivos
» Participar en una discusión sobre temas de actualidad » El uso del subjuntivo en oraciones temporales » Vocabulario general sobre movimientos sociales

3a/b

- Antes de empezar la actividad **3a**, diga a sus estudiantes que cierren el libro y pregúnteles qué movimientos sociales conocen. De esta manera podrá incorporar conocimientos previos y experiencias de los alumnos a la actividad, a la vez que les da una motivación para leer el texto. Reparta a sus estudiantes papeletas para que puedan apuntar en cada una de ellas un movimiento social. Al final de la actividad, pida a sus estudiantes que le entreguen las papeletas y enséñelas al resto de la clase.
- Realice a continuación la actividad tal y como se propone en el libro.

Observación: asegúrese, antes de empezar la actividad, de que sus estudiantes entienden el vocabulario clave para realizar el ejercicio. Puede hacer esta comprobación en el pleno de la clase. En caso de haber preguntas, rebótelas al grupo de clase e intente que aclaren el léxico con definiciones o ejemplos.
- Una vez transcurridos los 10 minutos, pida a sus estudiantes que comparen con su compañero/-a las respuestas.
- A continuación, pueden pasar al ejercicio **3b** y subrayar los fines de cada movimiento y ponerlo luego en común con el/la compañero/-a. En esta actividad también tienen que ponerse de acuerdo sobre el movimiento que, en su opinión, ha conseguido más derechos, y justificarlo. Para ello, tienen que imaginarse cómo era la vida antes y cómo es ahora.
- Ponga en común los trabajos en pareja y apunte en la pizarra los movimientos que han conseguido más derechos:

	Movimientos	*Derechos*
1.	*movimiento feminista*	*Incorporación de la mujer al mercado laboral* *Introducción del voto femenino*
2.		
3.		

3c

Pida a sus estudiantes que se reúnan en grupos de tres personas y hablen sobre la pregunta: *¿Cuál de los movimientos es ahora el más actual en tu país? ¿Por qué?*. Cada grupo tiene que acordar un movimiento, justificar su decisión y presentarlo al resto de la clase. Después presentarán los resultados de su trabajo. Usted puede apuntar en la pizarra los movimientos mencionados.

3d/e

- Deje que los alumnos realicen las actividades **d** y **e** tal y como se proponen en el libro. Transcurrido el tiempo previsto, ponga en común en el pleno de la clase los resultados del trabajo individual y aclare posibles preguntas y dudas.

Observación: si dispone de tiempo y lo considera necesario, puede remitir a sus alumnos/-as a la actividad **2** de **Mi gramática,** en la página 40. Allí podrán profundizar en el uso de la conjunción *cuando.*

3f

Ponga en común el trabajo realizado en parejas y apunte en la pizarra las condiciones o premisas que se tienen que dar para que se cumplan los deseos:

Igualdad entre hombres y mujeres	*Trabajo para todos*
La paz en todo el mundo	*Nadie pasará hambre*

3g

- En el pleno de la clase, elaborad un catálogo de las predicciones para el año 2050 y valorad cuáles de ellas son las más interesantes.

4 Una carta al director

Objetivos
» Comprender una carta del lector » Expresar acuerdo y desacuerdo

4a/b/c

- En esta actividad se presenta una nueva tipología textual, la carta de opinión a un periódico. Para ello se ha elegido un tema que concierne a la experiencia del alumno: las ventajas y desventajas que supuso el Plan Bolonia. En el texto aparece vocabulario relevante para el alumno universitario, por eso antes de realizar las actividades **a**, **b** y **c**, puede abrir con ellos una breve incursión en el tema. Por ejemplo, pregúnteles cuáles han sido los puntos más conflictivos del Plan Bolonia.
- Después de realizar las actividades **a** y **b** (planifique para ellas unos 10 minutos), pida a sus estudiantes que formen grupos de tres personas y que comparen las respuestas del ejercicio y aclaren el vocabulario que no entiendan. Usted puede pasar por los grupos para aclarar preguntas y dudas y, al final, hacer una puesta en común o resumen de las dificultades generalizadas en todos los grupos.

→ Ejercicios 11-18 págs. 105-109.

NUESTRO PROYECTO

Objetivos
» Discutir sobre un tema controvertido en clase
» Hacer un listado con reivindicaciones

a/b

- Diga a sus estudiantes que tienen delante tres peticiones de la plataforma cambiamos.org, y que tienen que elegir cuál de ellas les interesa. Luego, deben levantarse y buscar a tres personas en la clase que hayan elegido la misma petición.
- Una vez hayan formado los grupos de cuatro personas, tienen que trabajar en parejas. La pareja A del grupo debe redactar una lista de ventajas de la petición elegida y la pareja B tiene que escribir una lista de desventajas de esa misma petición. El grupo tiene que poner en común el resultado del trabajo en parejas y reflejarlo en una tabla de pros y contras (véase página 39, "Nuestro Proyecto", ejercicio **b**).

c/d

- En parejas (puede ser otro/-a compañero/-a del grupo), y a partir de la lista de pros y contras que ha confeccionado el grupo, tienen que escribir una serie de peticiones y exigencias. Por ejemplo, un pro de la prohibición de la corrida de toros en España es que "se acabaría con el maltrato animal".
- Transcurrido el tiempo, tienen que reunirse con la otra pareja del grupo, defender sus peticiones y exigencias, y debatir sus puntos de vista. En este caso, recuerde a sus estudiantes que en la página 39 (ejercicio **4c**) tienen expresiones para expresar acuerdo, duda y desacuerdo. Usted puede pasar por los grupos para aclarar posibles dudas o preguntas.

Escribimos

Para fomentar el trabajo cooperativo entre los estudiantes y antes de que las listas se las entreguen a usted, puede darles 5 minutos para que, en parejas, se intercambien las listas y revisen tanto el contenido como la forma.

Observación: también puede realizar esta actividad de escritura en la plataforma de aprendizaje. Así, además de redactar una lista de peticiones o deseos propia, tendrán que leer los deseos y peticiones de sus compañeros y dar un feedback sobre el contenido y la forma de uno de ellos.

MI GRAMÁTICA

Esta página se puede trabajar tras las actividades de la clase, como ya se ha indicado en la guía, o bien al final de la unidad.

MI LÉXICO

1 Campos semánticos

Preste especial atención a la parte **b** de la actividad, en la que se trabajan algunos verbos que aparecieron en la unidad.

2 Redes de palabras

En este ejercicio, sus estudiantes trabajan el léxico al relacionar tipos de palabras (verbos y sustantivos) con un mismo contenido léxico. Además, relacionan ese contenido léxico para definir conceptos que se han trabajado a lo largo de la unidad.

CULTURA

Objetivos
» Hablar de movimientos sociales y políticos y sus reivindicaciones

a

Pida a sus estudiantes que, en parejas o en pequeños grupos, hablen de las personas que aparecen en el ejercicio, y que las relacionen a un movimiento social. Si no las conocen, pídales que busquen en Internet información sobre ellas. Ponga después en común en el pleno de la clase el trabajo realizado en parejas.

b

- Antes de pasar a leer los textos que aparecen en la actividad, pida a sus estudiantes que, en grupos de tres personas, se intercambien sus hipótesis sobre las fotos. Luego, tienen que leer los textos y asociar las imágenes al párrafo correspondiente.
- Transcurrido el tiempo previsto, tienen que reunirse en grupos de tres personas para comparar sus respuestas y aclarar el vocabulario que no entienden. Usted puede pasar por los grupos para aclarar preguntas o dudas.

c

- Ahora pida a sus estudiantes que vuelvan a leer el texto y que marquen las reivindicaciones más importantes que aparecen en él. A continuación, pida a sus estudiantes que se reúnan en grupos de tres personas y que pongan en común las reivindicaciones que han marcado. Además, tienen que hablar sobre las reivindicaciones que también existen en su país y los movimientos sociales y políticos que las apoyan.
- Transcurrido el tiempo previsto, puede hacer una puesta en común del trabajo realizado en grupos pidiendo a cada uno de los grupos que presenten las reivindicaciones y movimientos sociales que existen en el país y que lo apunten en la pizarra.

Reivindicaciones	*Movimiento social*

Relaciones interpersonales

PORTADA

Objetivos
» Comprender anuncios donde personas se describen » Hablar de cualidades » Hablar de relaciones » Expresar cambios en una persona » Valorar experiencias con verbos de sentimiento » Disculparse y justificarse

Antes de comenzar con la actividad **a**, pida a sus estudiantes que lean los objetivos comunicativos de la unidad, así como el proyecto que realizarán al final de la misma.

a/b

• Antes de realizar la actividad que se indica en la portada, pida a sus alumnos que observen las imágenes e intenten describir las actividades que allí se muestran. Seguramente utilizarán expresiones ya conocidas como *escuchar música, ir a un concierto, salir con amigos, pintar, dar un paseo*, etc. Recoja el vocabulario que vayan utilizando sus alumnos en la pizarra. Después, pídales que realicen la actividad a en parejas. En ella, los estudiantes tendrán la oportunidad de describir las imágenes con más detalle y de aprender nuevos bloques léxicos, como *celebrar una fiesta, asistir a un concierto*, etc. Preste especial atención a los verbos que se presentan con sus complementos. Una vez hayan acabado esta actividad, pueden pasar a la **b**, que también pueden realizar primero en parejas. Recoja después en el pleno el resultado. Deje que un grupo o pareja lea su lista y, después, que el resto la complete con otras actividades nuevas que hayan podido surgir. Anímeles a utilizar su móvil o un diccionario para buscar las expresiones que necesiten.

Observación: si lo cree conveniente, antes de dejar que sus estudiantes empiecen con el ejercicio, puede revisar las expresiones para dar opinión (*creo que..., pienso que..., me parece que..., en mi opinión...*).

4A HACIENDO AMIGOS

Antes de empezar a trabajar esta doble página, dedíquele unos minutos a leer con sus alumnos el título de la doble página "Haciendo amigos", así como los objetivos comunicativos, léxicos y gramaticales que van a aparecer.

1 Gente busca a gente

Objetivos
» Comprender anuncios donde personas se describen (carácter y aficiones) » Hablar de cualidades » Oraciones de relativo con indicativo/subjuntivo » Actividades de tiempo libre » Adjetivos de carácter

1a/b

Explique primero la situación comunicativa que se presenta: anuncios de búsqueda de amistad para compartir actividades de tiempo libre. Pregunte a sus alumnos si conocen este tipo de anuncios y si alguna vez han contestado a alguno, por ejemplo, para buscar un intercambio para practicar un idioma, o para buscar una pareja de baile, etc. Después, deje que de forma individual lean los anuncios y subrayen, en diferentes colores lo que buscan y lo que ofrecen estas personas. Después, pídales que completen la tabla y, a continuación comparen los resultados con un compañero. Tenga en cuenta que, en esta actividad **1a**, los alumnos tienen que realizar solo una actividad de comprensión del texto. No explique todavía el uso de subjuntivo que se presenta, esto se hará en la actividad **1b**. En esta tendrán que fijarse en las formas verbales, que aparecen en los textos, y completar la explicación. Deje que comparen y/o reflexionen con su compañero antes de exponer el resultado en el pleno de la clase.

1c

En esta actividad, los alumnos tendrán oportunidad de poner en práctica lo que acaban de aprender en la actividad anterior: el uso del subjuntivo en las oraciones de relativo. Explíqueles que los textos que van a leer son las respuestas que recibieron algunas de las personas de **1a**. Para ello, deje que sus estudiantes completen primero los verbos de las respuestas y, una vez lo hayan hecho, pídales que apunten el nombre de la persona (del anuncio de **1a** a las que responden. Después de realizar la actividad, deje que comparen sus respuestas en parejas. Anímeles a utilizar los diálogos modelos que aparecen.

1d

En esta actividad, sus alumnos trabajarán con el vocabulario para describir cualidades de carácter que aparece en la actividad **1a**. A continuación, ponga en común la tabla con sus estudiantes.

1e

- En esta actividad, sus estudiantes tendrán la oportunidad de poner en práctica todo lo aprendido hasta el momento. Se trata de una actividad más compleja y que cierra toda la secuencia de aprendizaje de esta parte **A**. En el caso de no disponer de tiempo suficiente para realizarla en clase, propóngala como tarea para casa. Si dispone de una plataforma de aprendizaje, los alumnos podrían colgar sus anuncios en la actividad prevista para ello y contestar a alguno de ellos.
- En el caso de que decida realizar la actividad en clase, deje tiempo a sus alumnos para pensar el motivo de su anuncio y el tipo de personas que buscarían en ese caso. Mientras sus estudiantes están redactando el anuncio, usted puede colgar en el tablón de notas los posibles motivos para escribir el anuncio (compañero/-a de piso, gente para hacer deporte, tándem de idiomas...).
- Una vez transcurrido el tiempo previsto, pida a sus estudiantes que cuelguen sus anuncios en el tablón de notas de la clase debajo del tema al que corresponde. Luego, tienen que leer los anuncios que sus compañeros han colgado y elegir uno. A continuación, responden a este anuncio. Los estudiantes a los que van dirigidas las respuestas tienen que leerlas y escribir una breve respuesta o comentarla en clase.

Observación: recuerde a sus alumnos que pueden realizar la actividad **1** de la página **Mi gramática** para completar la actividad. Si no dispone de tiempo, pueden hacerlo en casa.

→ Ejercicios 1-5 págs. 110-112.

4B ME CAE MUY BIEN

Antes de empezar la actividad, pregunte a sus alumnos por el uso del título del apartado **B** "Me cae muy bien". Intente evitar que sus estudiantes traduzcan directamente la frase al alemán, deje que averigüen su significado por su uso en contexto. Póngales un ejemplo si es necesario. Después, sería conveniente detenerse en los objetivos comunicativos, léxicos y gramaticales que se verán en esta parte **B**.

2 Nos llevamos bien

Objetivos

» Hablar de relaciones y situaciones relativas a la convivencia » *Estar* + adjetivo/participio » Adjetivos de carácter » *Llevarse bien/mal con alguien* » *Caer bien/mal a alguien*

2a

- El tema "compartir piso" no es nuevo para el alumno, ya que se trató en la unidad 8, apartado C del nivel A2. Una buena forma de empezar la actividad sería haciendo, en el pleno de la clase, un lluvia de ideas sobre normas de convivencia para llevarse bien con los compañeros de piso. Puede empezar poniendo un ejemplo en la pizarra e ir completándolo según lo que vayan nombrando los alumnos.

A continuación, le indicamos algunos ejemplos.

Normas de convivencia
No fumar en habitaciones comunes.
No organizar fiestas sin avisar.
Limpiar la cocina después de usarla.

- Una vez completada la lista con sugerencias de la clase, pida a sus estudiantes que, de forma individual, marquen en la lista que aparece en la actividad **2a** del libro las reacciones que tendrían para cada una de las situaciones, y que, al final, añadan una séptima situación conflictiva. A continuación, tienen que comparar sus respuestas con otro compañero. Usted puede pasar por los grupos para resolver posibles preguntas o dudas.

2b

12

Explique a sus estudiantes que, tras haber realizado la actividad de introducción al tema, escucharán a Lola y Marta, quienes comparten un piso y hablan de conflictos con dos compañeros de piso. Pida a sus alumnos que se concentren en la información más esencial: los conflictos que se mencionan. Tras haber escuchado una vez la audición, indique a sus estudiantes que comparen sus respuestas por parejas. Si usted lo cree conveniente, pueden volver a escucharla otra vez para comprobar las respuestas correctas.

2c

12

En este ejercicio, sus estudiantes van a volver a escuchar la audición. En esta ocasión, tienen que marcar la opción correcta referente a la relación entre las diferentes personas que comparten el piso. Antes de escuchar la audición, pida a sus estudiantes que lean la lista de opciones que tienen en el ejercicio y asegúrese de que entienden el léxico. En caso de haber alguna pregunta referente al uso de "caer bien/mal", remita al cuadro "hablar de relaciones personales" que aparece en la página 46. Pida a sus estudiantes que, en parejas, comparen sus respuestas. Si usted lo cree conveniente, pueden volver a escucharla otra vez para comprobar las respuestas correctas.

2d

Para la realización de este ejercicio, pida a sus estudiantes que formen grupos de tres personas. Cada estudiante tiene que escribir tres nombres: el de un/a amigo/-a, el de un familiar y el de un/a vecino/-a. Esos nombres los pueden escribir en papeletas de diferentes colores. Para cada uno de los nombres elegidos, tienen que pensar en cómo son y cómo es la relación con ellos. Una vez tengan decididas las personas y tengan preparadas las informaciones que quieren dar de ellas, pueden comenzar a intercambiarse las informaciones. Para darle más verosimilitud y autenticidad a la actividad, puede pedirles que, si tienen una foto, se la enseñen a los compañeros.

Alternativa: pida a sus alumnos que, en el caso de tener fotos en su móvil de personas de su entorno, las utilicen en la actividad. La actividad funcionaría entonces de esta manera: pídales que enseñen una foto y dejen que los compañeros hagan preguntas sobre esta persona siguiendo el esquema que usted les pondrá en la pizarra. Antes de empezar la actividad, practique con ellos las preguntas que necesitan y apúntelas al lado. Al final, podría obtener como resultado el siguiente catálogo de preguntas.

Parentesco o relación: *¿Es tu hermano/-a?, ¿es tu amigo/-a?...*
Calidad de la relación: *¿Te llevas bien con él/ella?*
Carácter de las personas: *¿Cómo es su carácter?*

3 ¡Cómo cambiamos!

Objetivos
» Expresar cambios en una persona » Las perífrasis *volverse, ponerse, hacerse* y *quedarse*

3a

- Introduzca la actividad explicando que, en el siguiente correo electrónico, alguien expone los cambios de carácter de un amigo y pide consejo.
Si no dispone de tiempo suficiente, puede pedir a sus alumnos que realicen la comprensión lectora previamente en casa.
- Pida a sus estudiantes que, en parejas, comparen sus respuestas.
- A continuación, recoja en el pleno los resultados. Para ello, escriba en la pizarra una tabla con los dos verbos de cambio que aparecen. Pídales que nombren los adjetivos con los que se combinan e intenten, a continuación, ver si hay alguna diferencia de uso fijándose en la duración del cambio, y cuáles son más o menos espontáneos. De esta manera introducirá ya parte de la explicación que encuentra en el esquema de la derecha.

volverse	***ponerse***
antipático	*furioso*
arrogante	*agresivo*
maduro	
responsable	
intolerante	
irrespetuoso	

3b

- Realice el ejercicio tal y como se indica en el libro. Primero, permita que sus alumnos se centren en el contenido y que encuentren la combinación que les parece más adecuada sin detenerse todavía en explicaciones sobre los verbos de cambio. A continuación, pida a sus estudiantes que, en parejas, se intercambien las informaciones y comparen si coinciden en el tipo de experiencias y en la forma en que cambiaron sus vidas.
- Una vez hayan resuelto la actividad puede incluir en el esquema de la pizarra los otros verbos de cambio y la combinación con los adjetivos. Deje, como en **3a**, que discutan sobre qué diferencia hay entre un uso u otro, tomando como punto de partida si el cambio es definitivo, espontáneo, duradero o responde a cambios de tipo ideológico. Después

puede remitirle a las explicaciones que aparecen a la derecha. Complete la tabla con otros adjetivos si le parece conveniente, por ejemplo: *quedarse en blanco/sin palabras, quedarse ciego, hacerse rico/famoso, hacerse cura/médico*, etc.

volverse	*ponerse*	*quedarse*	*hacerse*
antipático	*furioso*	*delgado*	*solidario*
solidario	*agresivo*		
arrogante	*enfermo*		
maduro	*contento*		
responsable	*pálido*		
intolerante			
irrespetuoso			
abierto			

3c

Indíqueles que, para realizar la actividad, no tienen solo que informar sobre las experiencias vividas de **3b**, sino también dar más detalles sobre las mismas. Por ejemplo, cuándo fue, dónde, porqué se produjo el cambio, y también valorar la experiencia. Para ello, remítales al ejemplo que se les da: la persona del diálogo modelo informa sobre el país, el lugar y por qué se volvió más abierta o se hizo más solidaria.

Ampliación: para reforzar el aprendizaje del uso de los verbos de cambio, puede utilizar la ficha de trabajo que encuentra en nuestra página web www.hueber.de/universo. En esa ficha encontrará dos tablas: la primera es para entregar a sus estudiantes; la segunda es para recortar y entregar a sus estudiantes para que completen los espacios en blanco de la tabla. Pida a sus alumnos que se reúnan en parejas y entregue a cada pareja una tabla y las opciones. Sus estudiantes tienen que escribir ejemplos propios. Una vez realizada la actividad, ponga en común el trabajo en parejas.

Observación: en el caso de disponer de tiempo, puede dejar que los alumnos realicen las actividades **1-3** del apartado **Mi léxico** o pedir que la realicen en casa.

→ Ejercicios 6-10 págs. 113-116.

4C ASÍ NOS COMPORTAMOS

Antes de comenzar a trabajar esta sección **C**, pida a sus alumnos que se detengan en el título “Así nos comportamos” y lean los objetivos comunicativos, léxicos y gramaticales. Pídales que hagan hipótesis sobre el tema que se va a tratar en esta parte de la unidad.

4 Un test

Objetivos
» Valorar experiencias con verbos de sentimiento
» Verbos de sentimiento + infinitivo/subjuntivo
» El uso de *es que* » Adjetivos de carácter

4a/b

- Antes de leer el cuestionario, escriba en la pizarra las expresiones “persona abierta” y “persona curiosa”. Pida a los alumnos que intenten definir qué tipo de comportamiento suelen tener este tipo de personas. Escriba en la pizarra los aspectos que nombren. Para ayudarles, puede darles algunos ejemplos: *a las personas abiertas les gusta conocer gente nueva, las personas curiosas suelen viajar mucho*, etc.
- Después, explíqueles que, a través de un cuestionario, van a descubrir si ellos lo son. Pídales que hagan la actividad **4a** del libro de forma individual, después cuenten cuántas respuestas A, B y C tienen y comparen con los resultados.
- A continuación, pida a sus estudiantes que se reúnan en parejas y discutan con el compañero si están de acuerdo con el resultado del test.

Observación: si lo considera necesario, antes de realizar la actividad **4b** puede revisar con sus estudiantes las expresiones para expresar acuerdo o desacuerdo. Estas las encuentra en la página 39 (ejercicio **4b**).

4c/d

- En las actividades **4c** y **4d**, nos detendremos en algunos verbos (*aburrirse, horrorizar*) y colocaciones verbales (*estar harto, dar miedo,* dar *vergüenza*) con los que se pueden expresar sentimientos tanto positivos como negativos. En la actividad **4c**, el alumno tendrá la posibilidad de ordenar estos verbos y colocaciones según su uso contextual (sentimiento positivo / sentimiento negativo).
- Realice la actividad **4c** tal y como se propone en el libro y luego compare las respuestas de los alumnos en el pleno. Resuelva las dudas léxicas que se hayan podido presentar.
- A continuación, pase a realizar la actividad **4d** en parejas. Para ello, pida a los alumnos que se fijen en las frases que aparecieron en las preguntas **3** y **5** y analicen la forma y el uso de los verbos que aparecen en esas oraciones (pase por las mesas para resolver posibles dudas y preguntas). Después, pueden comparar sus reflexiones con las explicaciones de la

tabla. Si le parece necesario, exponga las conclusiones de forma esquemática en la pizarra. El tema no es totalmente nuevo, ya que a lo largo de los diferentes niveles fueron viendo este tipo de estructuras verbales, pero aquí se amplía la lista de verbos y colocaciones y se introducen las oraciones sustantivas con la conjunción *que*.

4e

- Pida a sus estudiantes que, en primer lugar, piensen en algo que les molesta o les gusta en las situaciones que aparecen en el ejercicio. Luego, tienen que formar grupos de tres personas y hablar sobre lo que han pensado.
- Al final del ejercicio, ponga en común en el pleno de la clase el trabajo en grupo. Puede apuntarlo en la pizarra:

	☹ *Te molesta...*	☺ *Te gusta...*
Cuando vas en bicicleta		
En el metro o autobús		
En el cine		
En clase		

En el caso de disponer de tiempo, puede dejar que los alumnos realicen la actividad **2** del apartado *Mi gramática* o pedir que la realicen en casa.

→ Ejercicios 12, 13, 14 págs. 117 y 118.

5 Disculparse

Objetivos
» Disculparse y justificarse » Expresiones para disculparse » El uso de *es que*

5a

13–16

Explique a sus estudiantes que, en este ejercicio, van a escuchar cuatro diálogos, y que tienen que contestar solo a estas preguntas: *¿Dónde se encuentran las personas? ¿Qué ha ocurrido?* Indique a sus estudiantes que escucharán la audición solo una vez. Después, deje que comparen con su compañero sus respuestas y escriba en la pizarra las soluciones.

El tiempo previsto aproximado de la actividad es de 5 minutos.

¿Dónde?	*¿Qué?*
1. en un café	*una persona empuja a otra y tira el café*
2. al teléfono	*alguien se ha equivocado*
3. en la estación de tren	*alguien está empujando porque quiere pasar*
4. en un lugar público	*alguien tiene que cancelar*

5b

Diga a sus estudiantes que van a escuchar de nuevo la audición y que, en esta ocasión, tienen que concentrarse en las justificaciones que dan esas personas. Pídales que tomen notas. En una tercera audición, pídales que se concentren en cómo se realiza la disculpa. Para ello, revise previamente con ellos el cuadro que aparece en el ejercicio. Los alumnos podrán marcar allí las expresiones que escuchan.

5c

Pida a sus estudiantes que, en parejas y a partir de lo trabajado en las actividades **5a** y **5b**, observen las situaciones que aparecen en el ejercicio **5c**. Uno de los estudiantes tiene que pedir disculpas y el otro tiene que reaccionar a esa disculpa. Permita que, de forma individual, preparen las disculpas y las justificaciones.

→ Ejercicio 15 pág. 118.

6 Estereotipos...

Objetivos
» Hablar de tópicos y estereotipos

6a/b

- La actividad **6** es una actividad de reflexión intercultural en la que se pretende cuestionar prejuicios o estereotipos. De ahí la importancia de establecer una comparación con los del propio país.
- Reparta a cada pareja dos papeles de colores y pida que apunten en cada uno el nombre de una región de su país y el estereotipo o estereotipos con los que se suele asociar. Indique a sus alumnos que tienen 3 minutos para realizar la actividad. Si tiene a

disposición un mapa del país en el que imparte clase, cuélguelo en algún lugar del aula y pida a sus estudiantes que pongan sus papeles en el lugar correspondiente. Una vez hayan colgado todos los/las estudiantes sus paletas, usted puede resumir y comentar los estereotipos con sus alumnos: cuáles se repiten, hay divergencias, qué regiones fueron las más comentadas, por qué piensas que fue así, etc. Esta reflexión es importante para cuestionar la validez de los estereotipos.

- Pase a continuación a la actividad **6b**. Pida a sus estudiantes que observen el mapa de la página 50 en el que aparecen las Comunidades Autónomas y los estereotipos que se les asignan. Asegúrese de que sus estudiantes entienden todos los adjetivos. De no ser así, trabaje con sus estudiantes en el pleno de la clase esas palabras con descripciones, sinónimos o antónimos, por ejemplo, *una persona "cabezota" es una persona que es de ideas fijas, que no es flexible*. Una vez sus estudiantes entiendan todos los adjetivos, pídales que en parejas discutan sobre los estereotipos que también se atribuyen a su país.

7 Dos películas

Objetivos
» Comprender sinopsis de dos películas » Discutir sobre las preguntas de dos sinopsis » Acercarse al tema de los estereotipos a partir del humor » Entender opiniones sobre dos películas » Expresar opinión sobre los estereotipos

7a

- Explique a sus estudiantes que hay dos comedias españolas que tuvieron mucho éxito y que se titulan *Ocho apellidos vascos* y *Ocho apellidos catalanes*. Estas películas, además de tratar las relaciones de parejas, también tratan los estereotipos entre diferentes regiones españolas: en este caso las relaciones entre andaluces y vascos, y entre andaluces, vascos y catalanes, respectivamente. Si tiene posibilidad de visionar un vídeo en clase, puede fácilmente buscar en Internet los avances de promoción para las películas en la plataforma *YouTube*. En el caso de poder hacerlo, pregunte después de haber visto ambos vídeos con qué estereotipos juegan las escenas. Pídales también que hagan hipótesis sobre el argumento. Tome notas en la pizarra de todo lo que vayan diciendo. A continuación, pida a sus estudiantes que lean las sinopsis de las dos películas y contesten las tres preguntas. El trabajo previo del visionado del vídeo les ayudará a comprender mejor el argumento.

- A continuación, tienen que reunirse en parejas e intercambiarse las respuestas. Usted puede pasar por los grupos y responder posibles dudas o preguntas.

7b

17-20

- Explique a sus estudiantes el contexto comunicativo: cuatro espectadores a la salida de un cine opinan sobre las películas. Indíqueles que tendrán oportunidad de escuchar dos veces la audición. En la primera, solo tendrán que anotar si a los espectadores les ha gustado la película o no. Deje que, después, comparen con sus compañeros las respuestas. En la segunda audición, se les podría pedir que apuntaran además por qué les ha gustado o no.
- Al final, usted puede apuntar en la pizarra las cuatro personas. Pida a uno de sus estudiantes que apunte las informaciones que ha entendido de esa persona. Luego, puede preguntar al pleno de la clase si falta alguna información para completarla.

	Sí	no	porque...
1.		X	no se ve reflejado
2.		X	abusa de los tópicos
3.	X		se ríe
4.	X		trata con humor las diferencias culturales

7c

- Pida a sus estudiantes que formen grupos de tres personas y discutan sobre las preguntas que aparecen en el ejercicio. Usted puede pasar por los grupos para resolver posibles dudas o preguntas.
- Ponga en común en el pleno de la clase los estereotipos que más molestan a sus estudiantes.

→ Ejercicios 16- 18 págs. 118-119.

NUESTRO PROYECTO

Objetivo
» Crear una serie de diálogos a partir de estas escenas de "Ocho apellidos vascos"

a/b

Antes de comenzar la actividad **a**, explique a los alumnos de modo general lo que tienen que hacer en este proyecto: a partir de las tres imágenes basadas en escenas de la película "Ocho apellidos vascos", tendrán que escribir unos diálogos y representarlos en clase. Para ello, la tarea se ha pautado en tres pasos que se realizarán en grupos de tres o cuatros personas: observación de las escenas y descripción de las mismas a partir de las preguntas en **a**, la escritura de los diálogos en **b** y la representación de los diálogos en **c**. Mientras sus alumnos realizan las actividades **a** y **b**, puede pasar por los grupos para responder posibles dudas o preguntas.

c

Alternativa: para hacer la actividad más amena y ahorrar un poco de tiempo, puede pedir a los alumnos que se retiren a un lugar tranquilo donde puedan representar su diálogo y grabarlo. Para ello tienen dos opciones: grabar solo las voces o también en vídeo. Después podrían colgarlo en la plataforma de aprendizaje *Moodle*. Deles como tarea a la clase elegir el diálogo más original.

Escribimos

Para realizar esta actividad, pueden utilizar como modelo la carta de la actividad **3a**. Después, pida a sus estudiantes que intercambien la carta con un compañero y respondan de forma breve a su petición de consejo.

MI GRAMÁTICA

Esta página se puede trabajar tras las actividades de la clase, como ya se ha indicado en la guía, o bien al final de la unidad.

1 ¿De quién se trata?

En esta actividad, el estudiante puede profundizar en las construcciones para expresar hechos y deseos, y en el contraste en el uso del subjuntivo/indicativo en esas expresiones. Los alumnos tendrán la posibilidad de reflexionar nuevamente sobre el uso de indicativo y subjuntivo en las oraciones de relativo.

2 Expresar sentimientos

Se revisa el uso de los verbos para expresar sentimientos, las construcciones que exigen el uso de infinitivo y las que necesitan emplear subjuntivo.

MI LÉXICO

1 Asociograma

En esta actividad se trabaja el léxico de la unidad de forma estratégica asociando vocabulario con determinados campos semánticos.

2 Redes de palabras

En este ejercicio, sus estudiantes trabajan el léxico de forma estratégica al relacionar tipos de palabras (verbos y adjetivos) con un mismo contenido léxico. Además, emplean ese contenido léxico para definir conceptos que se han trabajado a lo largo de la unidad.

3 Los verbos de cambio: *volverse, ponerse y quedarse*

En esta actividad se revisan las reglas de uso de los verbos de cambio (*volverse, ponerse* y *quedarse*). A partir de una lista de adjetivos agrupados, sus estudiantes tienen que escribir el verbo correcto y completar las listas con más adjetivos o expresiones. Además, se reflexiona sobre equivalentes semánticos en español y en la lengua materna.

CULTURA

Objetivo
» Reflexionar y hablar de estereotipos y chistes

a

Pida a sus estudiantes que en parejas respondan las preguntas de la actividad y las discutan con el compañero. Después recoja los resultados de la segunda pregunta (*¿Sobre qué o quiénes se suelen hacer chistes en tu país?*) en el pleno: ¿qué tipo de chiste es el más mencionado?

b

- Antes de comenzar a leer el texto, deténgase en el título y explique qué es "Lepe". Aclare que este pequeño municipio se encuentra en Andalucía, concretamente en la provincia de Huelva. Esta localidad es especialmente conocida por los chistes, al respecto puede remitirles a los que aparecen en *Wikipedia*. A partir de esta breve explicación y del título en su totalidad, pídales que hagan hipótesis sobre el contenido del texto. De esta manera facilitará la comprensión del mismo.

- A continuación, deje que los estudiantes lean de forma individual el texto y contesten a la pregunta: ¿de qué tipo de chistes habla el artículo?

c

Para poder responder a las preguntas de este ejercicio, tienen que volver a leer el texto. Una vez transcurrido el tiempo, pida a sus estudiantes que comparen los resultados con un compañero.

d

Esta es una actividad algo más compleja que las anteriores, por eso proponga que la realicen en parejas.

Ampliación: puede hacer una lista de los chistes contados en clase: la clase decide qué chiste ha sido el más gracioso.

La Madre Tierra

PORTADA

Objetivos
» Hablar de tu entorno medioambiental » Valorar » Expresar hipótesis » Opinar o cuestionar informaciones » Hablar de problemas medioambientales actuales » Expresar la finalidad

Antes de comenzar con la actividad **a**, pida a sus estudiantes que lean los objetivos comunicativos de la unidad, así como el proyecto que realizarán al final de la misma.
Explique a sus estudiantes que en esta unidad van a tratar el tema del medioambiente y que al final de la unidad, van a exponer un problema medioambiental y proponer un plan de actuación con soluciones para ese problema.

a/b

- Antes de comenzar con la actividad, sitúe a los alumnos en el contexto. Lo que ven en la página es el anuncio de una campaña de concienciación de medioambiente. En ella se dan recomendaciones para proteger el medioambiente. Pídales que se fijen en los símbolos y que vayan diciendo qué representan. Posiblemente no conozcan todas las palabras, si es así ayúdelos y vaya apuntando en la pizarra las expresiones que van nombrando. De esta manera, les facilitará la lectura que tendrán que hacer a continuación.
- Indique a sus estudiantes que realicen la primera actividad en parejas.
- Transcurridos los 10 minutos, pida a sus estudiantes que formen grupos de tres personas y que hablen de otras medidas que toman ellos, tal y como se muestra en el ejemplo. Usted puede completarlo: *Yo, por ejemplo, solo compro productos de la región para preservar el medioambiente.*
- Al final de las actividades **a** y **b**, ponga en común el trabajo en grupos y haga una lista de las diez medidas que más se emplean en clase. Para ello, pida a cada uno de los grupos que presenten las dos medidas que más siguen.

	Las 10 medidas para preservar el medioambiente
1.	
2.	
3.	
4.	
5.	
6.	
...	

5A UN PLANETA SOSTENIBLE

Antes de comenzar el apartado **A**, deténgase en el título y lea con sus alumnos los objetivos comunicativos, léxicos y gramaticales que se introducen en esta parte de la unidad.

1 Valorando mi entorno

Objetivos
» Hablar de tu entorno medioambiental cotidiano » Valorar » El subjuntivo con expresiones de valoración

1a/b

- Explique el contexto de los textos que aparecen a continuación: en un blog, diferentes personas dan su opinión sobre aquellos aspectos medioambientales que les preocupan. Para ello valoran las medidas o falta de medidas de la ciudad. Tras leer las intervenciones de forma individual, propóngales formar grupos de tres personas e intercambiarse las informaciones que han leído. Pídales que sinteticen la información utilizando siempre que puedan sinónimos u otras expresiones. Para ello, pueden seguir el modelo que aparece en el ejercicio.
- Una vez transcurrido el tiempo previsto, remita a los estudiantes de nuevo al texto y pídales que se fijen en las estructuras que aparecen en negrita y el modo verbal que aparece en la frase subordinada.

Deje que antes de leer el recuadro amarillo, hagan hipótesis sobre el nuevo uso del subjuntivo. Puede hacer la discusión en el pleno.

Observación: si dispone de tiempo en clase, también puede ampliar la actividad haciendo la actividad **1**, que se propone en la página *Mi gramática* de esta unidad (página 64). Allí se profundiza en el uso de esas estructuras.

Ampliación: para continuar practicando esas estructuras, puede pedir a sus estudiantes que valoren y se intercambien en grupos de tres personas algunos aspectos de su entorno. Para ello, tienen que emplear las estructuras que acaban de aprender. Por ejemplo: *Me parece increíble que mis vecinos no separen los residuos.*

1c

- Indique a sus estudiantes que, para este ejercicio, tienen que utilizar las expresiones para valorar tal y como se expone en el ejemplo.
- Transcurridos los 5 minutos, ponga el ejercicio en común en el pleno de la clase. Pregunte a cada pareja por una valoración de un titular de la actividad **1c**. A continuación, pregunte a otra pareja si está de acuerdo con esa valoración y que valoren otro titular, y así sucesivamente hasta haber valorado y contrastado todos los titulares.

2 Propuestas sostenibles

Objetivos
» Expresar hipótesis » El condicional simple

2a/b

21-24

- Indique a sus estudiantes que, en este ejercicio, van a escuchar a cuatro personas hablando de problemas medioambientales de su ciudad, así como mencionando propuestas para resolver estos problemas. Antes de escuchar, pídales que observen las imágenes y describan lo que ven. Usted puede ir recogiendo parte del vocabulario que mencionan en la pizarra. De esta manera les facilitará un poco la primera audición. Después escucharán y contestarán solamente a la pregunta que plantea la actividad. Pueden tomar notas debajo de cada imagen y numerar los problemas según el orden en que se han mencionado. Deje que escuchen de nuevo la audición en el caso de que lo necesiten. Ponga después en común los resultados.
- En la actividad **2b**, los alumnos trabajarán las propuestas que hacen las cuatro personas de la audición. Pida a sus estudiantes que, antes de volver a escuchar, intenten relacionar las propuestas. Con la audición podrán comprobar sus respuestas.

Observación: posiblemente, mientras hacen la actividad, le preguntarán por las formas verbales. Para no interrumpir la actividad, dígales que son las formas del condicional simple de indicativo, que aquí se introduce para hacer recomendaciones y en cuya explicación se detendrá una vez hayan terminado la actividad. En las actividades **d** y **e** tendrán posibilidad de practicar las formas.

2c

Haga la actividad tal y como se propone en el libro.

2d/e

- En las actividades **d** y **e**, los alumnos tienen la oportunidad de poner en práctica los nuevos contenidos presentados hasta el momento en esta parte **A** de la unidad, es decir: las expresiones para valorar, el vocabulario relativo al medio ambiente y el condicional simple de indicativo que se presentó en la actividad **b** para realizar recomendaciones.
- Antes de pasar a realizar la actividad **d**, pídales que, en parejas o pequeños grupos, lean los temas que se proponen y elijan uno. A continuación, tienen que hacer una lluvia de ideas sobre lo que está bien y lo que no está bien, y en este caso las medidas que tomarían para mejorar la situación. Puede escribir un esquema en la pizarra para que la actividad esté más estructurada. Una vez completado el esquema, pídales que realicen la actividad tal y como se propone en el diálogo modelo. Anímeles a utilizar otras expresiones de valoración aprendidas hasta el momento. Si lo considera necesario, puede escribir algunas de ellas en la pizarra también (*me parece bien/mal, es una pena que, es absurdo que, me parece una buena idea, me parece un error...*).

el transporte

+	....
-	....
Recomendación	....

- Pase ahora a la actividad **e** y pídales que, por grupos o por parejas, nombren el tema seleccionado y sus propuestas. Usted puede ir apuntándolas en la pizarra y pedir a los otros grupos que las completen con propuestas que ellos tengan.

→ Ejercicios 1-9 págs. 120-124.

5B ¿VERDAD O NO?

Antes de comenzar con esta parte **B**, deténgase en el título y pregunte a sus alumnos qué les sugiere, qué piensan que tiene que ver esta pregunta con el tema del medio ambiente. Después, puede leer con ellos los objetivos comunicativos, léxicos y gramaticales de la parte **B**.

3 Pros y contras

Objetivos
» Opinar o cuestionar informaciones » El subjuntivo con expresiones para cuestionar una información » Expresiones para declarar o cuestionar » Medio ambiente

3a/b/c

- Indique a sus estudiantes que, antes de realizar la actividad, observen las imágenes y lean las afirmaciones de forma individual. Después de haber solucionado el ejercicio **a**, pueden comparar sus respuestas. Usted puede pasar por las parejas y resolver posibles dudas o preguntas. Asegúrese de que sus estudiantes entienden el vocabulario del ejercicio. Si no entienden alguna palabra o expresión, deje que sea otro compañero de la clase quien se la explique.
- En la actividad **b**, una experta de medio ambiente opina sobre el tema. Deje que, primero, lean el texto de forma individual y que marquen lo que les sorprende. Ponga en común en la pizarra las afirmaciones que sus estudiantes han encontrado sorprendentes. Escriba junto a estas afirmaciones también las expresiones que la experta utiliza para opinar o cuestionar. Estas le servirán para la actividad **c**.
- Para realizar la actividad **c**, deje que los alumnos trabajen en pequeños grupos y reflexionen sobre el porqué del uso del subjuntivo en algunas de las frases del texto. Mientras tanto, vaya escribiendo en la pizarra las expresiones que aparecen con indicativo y las que aparecen con subjuntivo e intente que, sin leer la caja explicativa, ellos saquen sus propias conclusiones. El tiempo previsto aproximado para esta actividad **c** es de 5 minutos.

Con indicativo	*Con subjuntivo*
Es verdad que son más resistentes	*No creo que sea mejor agresivo*
Es cierto que son perjudiciales.	*No es cierto que sea mejor.*
Es verdad que consume más energía	*Dudo de que sea mejor.*

- Al final del ejercicio, puede resumir el contenido del cuadro en el ejercicio **3c**.

Observación: si dispone de tiempo y lo considera necesario, puede remitir a sus alumnos a la actividad **2** de **Mi gramática**, en la página 64. Allí podrán profundizar en esas expresiones.

4 Cuestionémoslo

Objetivos
» Comprender un cuestionario » valorar experiencias » verbos de sentimiento y su uso con indicativo o subjuntivo » expresar acuerdo/desacuerdo

4a

- Antes de empezar escriba en la pizarra los tres tipos de energía que se tematizan en el ejercicio: energía eólica, energía solar y energía nuclear. Pida a sus alumnos que, en parejas, hagan una lista de conceptos y características que tengan que ver con estos términos. Escríbalos en la pizarra. Ayúdeles dando algún ejemplo de antemano.

eólica	*solar*	*nuclear*
viento	*sol*	*radioactividad*
molino	*panel*	*central nuclear*
aves	*...*	*peligro*

- A continuación, pida que se centren en los aspectos que se nombran en la instrucción: impacto en la naturaleza, eficacia y rentabilidad. Discuta en el pleno qué características se esconden bajo estos conceptos. Tome nota en la pizarra. A continuación, le damos algunos ejemplos:

impacto en la naturaleza: *más/menos espacio, más/menos contaminación*	
eficacia: *no funciona*	
rentabilidad: *barata/cara, infinita,...*	

• Después de haber hecho una lluvia de ideas con los conceptos relacionados con este tipo de energías, indique a sus estudiantes que tienen que formar parejas y, en esta ocasión, apuntar las ventajas y desventajas de las fuentes de energía que aparecen en el ejercicio.

4b

• Tras reunir todos los aspectos en la tabla, tienen que preguntar a otros compañeros si están de acuerdo
o no con las afirmaciones, y, en este último caso, cuestionarlas. En este ejercicio, se trata de usar las expresiones aprendidas en la actividad **3**.

• Transcurrido el tiempo, puede poner en común el resultado del ejercicio en el pleno de la clase. Deje que tres alumnos se encarguen de reunir las ventajas y desventajas mencionadas en la pizarra.

	+	–
Energía eólica		
Energía solar		
Energía nuclear		

4c

25–29

• Realice la actividad tal y como se propone en el libro. Antes de escuchar a esas cinco personas indique a sus estudiantes que lean las opciones e infórmeles de que escucharán la audición dos veces.

• A continuación, pueden revisar las respuestas en el pleno de la clase y discutir con quién están de acuerdo. De esta manera, usted podrá observar si han entendido la audición y si hacen un uso adecuado de las expresiones aprendidas.

→ Ejercicios 10-14 págs. 124-127.

5C RETOS DE AMÉRICA LATINA

Indique a sus estudiantes que, en este apartado, van a hablar de los retos de América Latina. Para introducir la primera actividad de esta parte **C**, pregunte a sus estudiantes por un posible reto.

5 Noticias de América

Objetivos
» Hablar de problemas medioambientales actuales
» Expresar finalidad » Oraciones finales con *para* o *para que* » Vocabulario relativo a obras de ingeniería

5a/b

• Antes de empezar a realizar la actividad tal y como se propone en el libro, pida a sus alumnos que se fijen en las cuatro fotos. Deje que, en parejas, discutan sobre el tema de las mismas y ponga en común después los resultados. Fije las expresiones que utilicen en la pizarra. Anímeles a nombrar los accidentes geográficos que se ven (géiseres, bosques, mar, volcán, etc.), y también los problemas o soluciones medioambientales que pueden estar planteando estas fotos.

Accidentes geográficos	*problema/ solución medioambiental.*
géiser	

• Después, pida que lean los titulares y los relacionen con las fotos.

• A continuación pida a sus estudiantes que señalen las palabras que hacen referencia al medio ambiente y remítalos al ejercicio **2** de la página 65 (*Mi léxico*) para construir su propio asociograma. Usted puede pasar por los grupos para resolver posibles dudas o preguntas.

Observación: si dispone de tiempo y lo considera necesario, puede pedir a sus alumnos que realicen la actividad **1** de **Mi léxico** (página 65).

6 Una obra faraónica

Objetivos
» Comprender un texto periodístico sobre medioambiente » vocabulario relativo a obras de ingeniería

6a/b/c

- La actividad que realizaremos a continuación, además de tratar un tema importante medioambiental sobre América Latina, también le servirá para introducir terminología relativa a la ingeniería civil.
- Pida a sus estudiantes que formen grupos de tres personas y piensen en el significado de la expresión “obra faraónica”. Seguramente se lo dirán rápido. A continuación, pídales que citen obras de ingeniería o arquitectura conocidas que calificarían como faraónicas. Escríbalas en la pizarra. Después, deje que lean el titular y el copete o bajada del texto (las dos líneas que siguen al titular) que encontrarán en el apartado **b**, y que marquen las obras de ingeniería que allí se citan.
- A continuación, tienen que realizar las actividades **6b** y **6c** tal y como se propone en el libro. Deje que realicen la actividad **6b** de forma individual y a modo de lectura silenciosa, ya que cada alumno precisará de un tiempo determinado para comprender el texto. Después, puede pedirles que, en parejas, comparen sus subrayadas y las ideas que hayan apuntado. Durante esta fase de revisión de la actividad, pase por los grupos y resuelva las dudas que hayan podido aparecer.

6d

30–33

Realice la actividad tal y como se propone en el libro. Antes de escuchar sitúe a los alumnos en el contexto de la audición: cuatro personas van a dar su opinión sobre la construcción del canal. A continuación, pídales que lean las frases que aparecen en la actividad del libro y que resumen las opiniones de las cuatro personas. Asegúrese de que las entienden. Tras haber escuchado las opiniones y haber resuelto la actividad, deje que comparen con un compañero sus respuestas. En caso necesario, déjeles escuchar una vez más la audición y resuelva las dudas del ejercicio en el pleno de la clase.

6e

- Sus estudiantes tienen que formar grupos de tres personas y realizar la actividad tal y como se propone en el libro. Indíqueles que la lista de proyectos u obras que causaron problemas medioambientales tienen que presentarla en el pleno de la clase.
- Transcurrido el tiempo, ponga en común el resultado del trabajo en grupo. Apunte en la pizarra los problemas trabajados. Aproveche la actividad para consolidar y ampliar vocabulario sobre el tema.

Nombre proyecto	*Problemas medioambientales*

7 Protegiendo la diversidad

Objetivos
» Comprender una petición online » comprender una carta de protesta » oraciones finales con para/para que » fórmulas y vocabulario relativo a este tipo de peticiones

7a/b

- Antes de realizar la actividad, pida a sus alumnos que observen las fotos y hagan hipótesis sobre los posibles problemas medioambientales que podrían darse en estos lugares. Tome notas en la pizarra. Después pídales que realicen la actividad **7a** tal y como se propone en el libro. Deje que comparen sus respuestas.
- Antes de pasar al ejercicio **7b**, pida a sus alumnos que busquen en los textos cómo las personas expresan la finalidad y remítales después a la caja explicativa junto a la actividad **7b**. Después pídales que realicen la actividad tal y como aparece en el libro, teniendo en cuenta lo que acaban de aprender.

Observación: si dispone de tiempo y lo considera necesario, puede pedir a sus alumnos que realicen la actividad **3** de **Mi gramática** en la página 64, en la que se profundiza en el uso de *para, por, para que, porque*.

7c/d

- Indique a sus estudiantes que realicen la actividad **7c** tal y como se especifica en el libro, es decir, haciendo una lectura de tipo global donde todavía no se les pide una comprensión detallada del texto. Esto lo harán en la actividad **7d**.
- En la actividad **7d**, los alumnos tendrán que hacer una lectura detallada del texto. La guía para realizarla son los 5 puntos que se indican en la actividad. Una vez realizado el ejercicio, pida a sus estudiantes que se intercambien las respuestas en parejas o grupos de tres personas. Usted puede pasar por los grupos para aclarar posibles preguntas o dudas.

Ampliación: una vez realizada la actividad, y aprovechando que es un texto rico en léxico y que más tarde tendrán que escribir una carta similar a esta, le proponemos una actividad de trabajo del léxico. En este texto en concreto aparecen diferentes campos léxicos con los que el alumno podría trabajar: vocabulario epistolar (saludos, despedidas, otras fórmulas fijas, etc.), problemas medioambientales, acciones, etc. Escriba en la pizarra el siguiente esquema y deje que lo completen los alumnos con otros ejemplos. De esta manera estará habituándoles a aprender vocabulario a partir de bloques léxicos y en contexto. Puede pedirles que, para casa, completen la tabla con otros ejemplos de la unidad o que incluso la amplíen con otros campos léxicos.

Vocabulario epistolar	*Problemas medio-ambientales*	*Acciones (verbos y complementos*
Me dirijo a usted...	*Destrucción de glaciares*	*Construir caminos*

→ Ejercicios 15-21 págs. 127-29.

NUESTRO PROYECTO

Objetivos

» Exponer al resto de la clase un problema medioambiental de nuestro país o nuestra ciudad » Proponer un plan de actuación con soluciones para ese problema.

a/b/c

- Pida a sus estudiantes que formen grupos de tres y se pongan de acuerdo sobre un problema medioambiental que les gustaría tratar. Por ejemplo, podrían pensar en qué problemas medioambientales existen en su ciudad o en su país, que a ellos personalmente les interesan. En el caso de que no se les ocurra nada, pueden tomar como punto de partida una de las campañas de la actividad **7**. Algunos temas podrían ser: la reducción del uso del plástico, la reducción del uso del automóvil, la protección de las abejas, etc.
- Tras haber elegido el tema, tienen que pensar en las cuestiones de la actividad **b** y buscar imágenes que ilustren el problema. Si tiene alumnos muy activos, puede animarles a salir por su ciudad y a que hagan fotos sobre el tema elegido. Pídales que vayan recogiendo todas sus ideas en un papel.
- En la actividad **c**, tendrán que trabajar de nuevo en equipo y tomar algunas decisiones para llevar a cabo un plan de actuación. Anímeles a seguir los tres pasos que se marcan en la unidad, explique de qué se trata y, si es necesario, ponga ejemplos:

1. ¿Qué? Pídales que piensen en las medidas que de forma individual o colectiva se pueden llevar a cabo. Por ejemplo, si han elegido un tema como la reducción del plástico, podrían proponer acciones como sustituir bolsas de plástico por bolsas de tela, el uso de recipientes de plástico por el cristal, etc. Déjeles que hagan una lista.
2. ¿Quién / con quién? En este punto se les está animando a involucrar organizaciones o instituciones que puedan, por ejemplo, esponsorizar, pero también dar publicidad a su campaña o plan de actuación. Por ejemplo, si la acción es sustituir las bolsas de plástico por bolsas de tela, podrían involucrar a supermercados proponiendo que estos regalen bolsas de tela, etc.
3. ¿Cómo? Aquí tendrían que pensar a partir de qué medio darían a conocer su reivindicación, por ejemplo, a partir de carteles, peticiones en una plataforma, etc.
Si lo considera necesario, puede darles este esquema-guía a sus alumnos:

Reducción del plástico

Qué	*Quién / con quién*	*Cómo*
- Usar bolsas de tela	*- Supermercado* *-Restaurantes*	*- Carteles informativos en...*
-Usar recipientes de cristal	*...*	*-Petición en una plataforma*
-Usar recipientes metálicos		
...		

- Usted puede pasar por los grupos para resolver posibles dudas o preguntas.

Observación: se recomienda que los estudiantes trabajen en la sala de ordenadores o con sus portátiles (con acceso a internet) para, por ejemplo, poder realizar la búsqueda de imágenes o presentar sus proyectos.

d

Transcurrido el tiempo, pida a los grupos que presenten el problema medioambiental y el plan de actuación. Usted puede apuntar en la pizarra de forma resumida los problemas presentados y los planes de actuación.

Problema medioambiental	*Plan de actuación*

• Al final de las presentaciones, discuta con sus estudiantes sobre el plan de actuación mejor diseñado para poder solventar el problema medioambiental.

Observación: en caso de disponer de un proyector, puede animar a sus alumnos a que presenten el trabajo realizado de forma digital. Si dispone de una plataforma digital, puede incluso animar a sus alumnos a que cuelguen allí el resultado de su proyecto y pedirles que hagan una valoración del trabajo de sus compañeros.

Escribimos

Explique a sus estudiantes que en este ejercicio tienen que redactar para una plataforma de denuncia una breve carta siguiendo las instrucciones indicadas en el ejercicio.

Observación: se recomienda que esta actividad de escritura se realice como trabajo en casa y, en el caso de disponer de una plataforma, por ejemplo, *Moodle*, anime a sus alumnos a que desarrollen allí su actividad. Los estudiantes tienen que escribir una carta, leer las cartas de sus otros compañeros y responder a la carta que más les ha convencido.

MI GRAMÁTICA

Esta página se puede trabajar tras las actividades de la clase como ya se ha indicado en la guía o bien al final de la unidad. En este apartado se revisan las expresiones para valorar de forma positiva o negativa y las oraciones con *para, por, para que* y *porque*.

MI LÉXICO

1 Redes de palabras

En esta actividad se relacionan expresiones con vocabulario relacionado con el medioambiente. En la primera actividad se trabajará con bloques léxicos y la formación de palabras (sustantivo-verbo-adjetivo: *reciclaje, reciclar, reciclable*).

2 Un asociograma

En esta actividad, los alumnos tendrán la oportunidad de completar el asociograma con todas las palabras aparecidas en la unidad. Indíqueles que escriban solo aquellas que les parecen importantes y/o difíciles. En este ejercicio, sus estudiantes trabajan el léxico de forma estratégica al relacionar campos semánticos con vocabulario relacionado.

CULTURA

Objetivos

» Dar a conocer la presencia de la naturaleza en la literatura latinoamericana.

a

Pida a sus estudiantes que cierren el libro y que, junto con un/a compañero/-a, piensen en libros relacionados con la ecología o el medio ambiente. Entregue a cada pareja papeletas para que apunten el título del libro.

• Antes de contestar a la pregunta **a** de esta primera actividad, deje que sus alumnos miren las portadas y lean también los títulos. Resuelva las dudas de vocabulario que puedan aparecer y, después, recoja en el pleno de la clase todas las asociaciones que hayan realizado con los títulos. De esta manera despertará el interés por los textos que leerán en **b**. Apunte todo lo que mencionen en la pizarra.

1	*2*	*3*
selva	*Muerte*	...
animales	*Fiesta*	
historia de amor	*Dolor*	
...		

• Después, pregúnteles si conocen a los autores y, si no es así, pídales que busquen información en Internet, o explíqueles usted quiénes son. A continuación le damos algunas informaciones:

Luis Sepúlveda (Ovalle, 4 de octubre de 1949): escritor, periodista, director de cine y activista político. Su oposición activa a la dictadura de Pinochet le llevó a vivir en diferentes países, entre ellos Alemania donde recibió asilo político entre los años 80 y 90. Durante esos años trabajó como conductor de camiones entre Hamburgo y Estambul. También fue un activista muy comprometido de Greenpeace, y trabajó como periodista para el periódico Siegel y para la UNESCO. Desde 1996 vive en Gijón, España.
La novela *Un viejo que leía novelas de amor* fue publicada en 1988 y tuvo un gran éxito de público. Ha sido traducida a 60 idiomas. Ha sido llevada al cine con guion propio del escritor.

Eduardo Galeano (Montevideo, Uruguay, 1940 - ib., e 2015), fue un escritor y periodista uruguayo, considerado como uno de los más destacados de la literatura latinoamericana.
Sus libros más conocidos, *Las venas abiertas de América Latina* (1971) y *Memoria del fuego* (1986), han sido traducidos a veinte idiomas. Sus trabajos combinan ficción, documental, análisis político, periodismo e historia.

Gioconda Belli (Managua, 9 de diciembre de 1948): novelista, poeta y activista nicaragüense. Su obra literaria se caracteriza por su compromiso político y por el tratamiento del universo femenino, reivindicando el papel de las mujeres en la sociedad y en la construcción de la cultura.
El título de su novela *Waslala* coincide con el nombre de un municipio situado en la Región Autónoma de la Costa Caribe Norte, en la República de Nicaragua. El término *Waslala* tiene un origen indígena y significa „Río De Plata".

b
Pida a sus alumnos que lean el texto. La actividad está planteada de tal manera que no tengan que comprender los detalles del mismo. Se trata de hacer una lectura de tipo global y específica donde a grandes rasgos entiendan el texto y puedan relacionarlo con el libro correspondiente. Para ello, se apoyarán en palabras clave como por ejemplo: historia de América Latina, colonización, recursos naturales o imperios coloniales, para relacionarlo con el libro de Eduardo Galeano. Es importante que insista en el subrayado de las palabras que les han dado la pista, ya que estas podrían ser el punto de partida para un trabajo posterior de vocabulario (véase "ampliación"). Apúntelas en la pizarra.

Luis Sepúlveda	*Eduardo Galeano*	*Gioconda Belli*
Región amazónica	*Colonización*	*...*
Indígenas shuar	*Historia de A. Latina...*	
...		

- Ponga en común en el pleno de la clase los resultados del ejercicio.

Ampliación: aproveche la actividad para recopilar y clasificar el vocabulario más útil o interesante de estos textos. Anime a sus alumnos a que lo clasifiquen por campos temáticos, por ejemplo: economía e historia, aventura, ecología.

c
Pida a sus estudiantes que, en parejas, discutan sobre qué obra de las mencionadas en el ejercicio anterior les gustaría leer y por qué
- Al final, usted puede poner en común las discusiones en parejas para averiguar qué obra es la favorita en la clase.

En contacto

PORTADA

Objetivos
» Expresar buenos deseos » Comprender invitaciones » Escribir y transmitir breves mensajes » Desenvolverte por teléfono, tomar y dejar recados » Expresar la prohibición y la habitualidad » Desenvolverte en una invitación

Antes de comenzar con la actividad **a**, pida a sus estudiantes que lean los objetivos comunicativos de la unidad, así como el proyecto que realizarán al final de la misma.
Explique a sus estudiantes que, en esta unidad, van a tratar el tema de las relaciones sociales, y que, al final de la unidad, van a ponerse de acuerdo en una serie de costumbres o hábitos sociales de otros países que les gustaría integrar en su propia cultura.

a
Explique a sus estudiantes que en la primera actividad tienen que reunirse en parejas y contestar a las preguntas referentes a las imágenes con el léxico de apoyo. Aclare posibles dudas o preguntas.

b
34–38

- Para realizar esta actividad auditiva, sería conveniente que sus estudiantes tuvieran la oportunidad de escuchar dos veces los diálogos. Explíqueles que los diálogos son en total seis y se refieren a las situaciones representadas en las fotos.
- En la primera audición, pida a sus estudiantes que se concentren en las palabras clave que les ayuden a identificar de qué situación de **a** se trata. La segunda audición les servirá para complementar la información obtenida de la primera audición.
- A continuación pida a sus estudiantes que comparen sus resultados.

6A CELEBRACIONES

Antes de comenzar esta parte **A**, deténgase en el título. Explique también el concepto celebraciones y discuta en el grupo qué celebraciones son para ellos importantes, qué acontecimientos suelen celebrar y cuáles pueden ser importantes durante la vida de una persona. Introduzca de esta manera el tema de este apartado **A**. Lea después con sus alumnos los objetivos comunicativos, léxicos y gramaticales que se introducen en esta parte de la unidad.

1 Buenos deseos

Objetivos
» Expresar buenos deseos » Expresar un buen deseo o una esperanza

1a
34–38

- Explique a sus estudiantes que en la actividad van a escuchar de nuevo a las personas de las actividades de la página 67, y que, en esta ocasión, tienen que marcar las expresiones y escribirlas en la tabla.

Como los estudiantes ya conocen los diálogos, recomendamos escuchar solo una vez más la audición. Transcurrido el tiempo, puede poner en común los resultados del ejercicio.

Situaciones	*Expresiones*
Nacimiento de un hijo	*¡Felicidades por el nacimiento de vuestro bebé!*
Navidad	…
Graduación de estudios	…

1b/c

- En la actividad **b**, sus estudiantes tienen que leer, de forma individual, otros deseos y relacionarlos con las nuevas situaciones.
- A continuación, pueden pasar a la actividad **c**.

Antes de realizar la actividad, deténgase en el cuadro explicativo de la derecha en el que se explica la forma y el uso de esas oraciones.

• Al final, sus estudiantes pueden intercambiarse sus respuestas en grupos de tres personas.

1d

Alternativa: si dispone de tiempo, puede realizar la actividad del libro de una forma más lúdica en clase. Pídale a sus estudiantes que escriban el plan que tienen para esta noche, el fin de semana o las próximas vacaciones. Recoja los papeles de sus alumnos y vuelva a repartirlos al azar. Ahora, cada alumno se pondrá de pie y expresará un buen deseo correspondiente al plan que tiene en el papel. Los demás tendrán que adivinar de qué plan se trata.

2 Invitaciones

Objetivos
» Comprender invitaciones » Léxico relacionado con invitaciones escritas

2a/b

• En esta segunda actividad, los estudiantes van a conocer diferentes tipos de invitaciones: cartas o correos, invitaciones formales/menos formales a eventos. El objetivo de la primera actividad **a** es identificar el tipo de celebración motivo de las cartas o invitaciones. Deje que sus alumnos lean las cartas y, en parejas, discutan sobre el objeto de la invitación. Avíseles de que no necesitan entenderlo todo. Algunas palabras (texto 1: fiesta navideña, escuela de idiomas, restaurante; texto 2: fiesta de cumpleaños; texto 3: universidad, grado académico, licenciado; texto 4: matrimonio, ceremonia, restaurante) les ayudarán a resolver la actividad.

• En la parte **b**, realizarán un trabajo sobre la estructura y forma del texto. Deje que primero lo realicen de forma individual y, después, recoja los resultados en la pizarra. Deténgase especialmente en la forma de tratamiento empleada, quizás aquí puede hacer una comparación con la experiencia que tienen los alumnos sobre este tipo de invitaciones u otras: cuándo utilizan el tú, cuándo el usted. Pregúnteles, además, si conocen otras forma de saludar o despedirse por carta. Quizás puede, de esta manera, ampliar la lista y revisar lo que los alumnos ya conocen. Hasta aquí y durante los niveles anteriores han tenido oportunidad de ver diferentes tipos de cartas y correos electrónicos.

2c

• Pida a sus estudiantes que se reúnan en grupos de tres personas y respondan a la pregunta del ejercicio.

• Al final del ejercicio, puede poner en común el resultado del trabajo en grupos y apuntar en la pizarra el tipo de invitaciones que se suele escribir y a través de qué medio.

ocasiones	*medio*
Fiesta de cumpleaños	*Por whatsapp o facebook*
...	...

Observación: en este ejercicio puede volver a hacer hincapié en el uso del verbo *soler* para expresar acciones habituales.

→Ejercicios 1-7 págs. 130-132.

6B MENSAJES Y LLAMADAS TELEFÓNICAS

Antes de comenzar con esta parte **B**, deténgase en el título y pregunte a sus alumnos qué situaciones comunicativas o textos piensan que van encontrar en esta parte de la unidad. Después puede leer con ellos los objetivos comunicativos, léxicos y gramaticales de la parte **B**.

3 Mensajes

Objetivos
» Escribir y transmitir mensajes breves
» Desenvolverse por teléfono » Tomar y dejar recados » El estilo indirecto para transmitir informaciones, preguntas, órdenes o consejos

3a

En esta actividad, sus estudiantes trabajarán con diferentes tipos de mensajes: A. e-mail, B. nota, C. mensaje telefónico, D. y E. *WhatsApp*. En la actividad se les pide que identifiquen la intención del que los escribe o habla. Pídales que marquen las expresiones que les ayudaron a resolver la actividad y deje que comparen con un compañero.

3b/c/d

En la actividad **b**, los estudiantes leerán cómo Maite vuelve a contar todos los mensajes en un correo. Deje que sus estudiantes, de forma individual, lean los correos y encuentren los errores de contenido. Pídales que luego comparen.

- A continuación, pueden pasar a la actividad **3c**. Aquí solo se les pide marcar los verbos con los que se transmite la información. Después de marcarlos, llame la atención de los alumnos sobre las cajas amarillas. Pregúnteles si han encontrado alguna estructura parecida. Aproveche para explicar el cambio del verbo a subjuntivo en la subordinada. No añada más información sobre el estilo indirecto. Este se estudiará con más atención en el nivel B2.
- Una vez resueltas las dudas, pase a la actividad **3d**, donde se les pide que comparen cómo se transmite la información con lo que se dijo realmente. Para ello, los alumnos se fijarán en las frases donde aparecen los verbos *traer/ir* y *llevar/venir*, así como el cambio que se opera en los pronombres personales o los cambios de modo. Realice la actividad con los alumnos ayudándose de la pizarra.

Mensaje directo	*Transmisión de la información en el correo*
A: Por supuesto que voy.	*→ … que viene al cumpleaños*
B: ¿Qué vais a traer de comer?	*→ … qué vamos a llevar?*
C: ¿Os apetece venir?	*→ … si nos apetece ir.*
C: Llámame	*→ … que la llamemos.*
E: id a verla	*→ Me recomienda que la veamos.*

Observación: Tras las actividades **3a/b/c/d**, si dispone de tiempo y lo considera necesario, puede remitir a sus alumnos a las actividades **1** de **Mi gramática** y de **Mi léxico** en las páginas 76 y 77. Allí podrán profundizar en esas estructuras y léxico.

3e

- Pida a sus alumnos que elijan primero una intención comunicativa: pedir algo, preguntar por algo, agradecer algo, o invitar. Luego, entregue la nota a uno de los compañeros. El segundo compañero transmite la información y el tercero responde, y así sucesivamente.
- Al final del ejercicio, puede poner en común las preguntas o dudas.

4 Llamadas telefónicas

Objetivos
» Campo léxico de llamadas telefónicas y mensajes
» Verbos regidos por preposición

4a/b/c

39–41

- Sus estudiantes van a escuchar tres diálogos y tienen que relacionar las situaciones de las que se trata. Se aconseja para el ejercicio **6a** poner solo una vez la audición, ya que en el ejercicio posterior tienen que completar la transcripción. No obstante, en caso necesario puede repetirla una vez más.
- Tras una segunda audición, pida a sus estudiantes que completen las transcripciones con las frases que se presentan en la actividad **4b** y que relacionen los diálogos con su intención comunicativa del ejercicio **4c**.
- Luego vuelva a poner una vez más la audición para comprobar las respuestas correctas. Además, ponga en común en el grupo de clase los resultados del ejercicio **4c**.

4d

- Pida a sus estudiantes que se reúnan en grupos de dos o tres personas y que preparen y representen un diálogo modelo para esas situaciones.
- Transcurrido el tiempo previsto, pida a cada grupo que represente delante del pleno de la clase el diálogo que hayan preparado.

→ Ejercicios 8- 11 págs. 133-134.

6C REGLAS Y NORMAS SOCIALES

Antes de comenzar con esta parte **C**, deténgase en el título y pregunte a sus alumnos qué les sugiere, en qué situaciones piensan cuando se habla de regla o norma social. Haga una lluvia de ideas en la pizarra. Después puede leer con ellos los objetivos comunicativos, léxicos y gramaticales de la parte **B**.

5 ¿Se puede o no se puede?

Objetivos
» Expresar la prohibición » Reconocer y comprender carteles habituales

5a/b/c

- El objetivo de esta actividad es no solo comprender carteles habituales en un país hispanohablante sino también establecer una relación con los que ellos conocen de su propio entorno. Aproveche esta actividad **5** no solo para introducir nuevo vocabulario o gramática, sino también para desarrollar una primera sensibilización a las posibles diferencias entre países.
- Pida a sus estudiantes que se reúnan en grupos de tres personas, que observen los carteles y que discutan sobre las preguntas que aparecen en el ejercicio **5a**.
- A continuación, pueden pasar a la actividad **5b**, que realizarán en parejas. En este ejercicio, tienen que ponerse de acuerdo sobre qué prohibiciones existen en su país y cuáles no. Si tiene diferentes nacionalidades en su grupo, fomente el intercambio, posiblemente aparezcan diferencias que pueden enriquecer el ejercicio. Si sus alumnos necesitan una mayor variedad de recursos comunicativos para realizar esta actividad, introduzca los contenidos de la caja amarilla.
- La actividad **5c** tiene como objetivo detenerse en su propia realidad, así como practicar los nuevos recursos presentados en la tabla de la derecha.
- Al final, puede poner en común en el pleno de la clase las traducciones realizadas en los trabajos en parejas de la siguiente forma:

Está/n prohibido...	***(No) está permitido***	***No se admite/n***	***No...***
Está prohibido pasar.	*No está permitido fumar.*	*No se admiten animales.*	*No pisar.*
...	...	...	

Observación: durante la realización de los tres ejercicios, usted puede pasar por los grupos para resolver posibles preguntas o dudas.

6 Así somos, así nos comportamos

Objetivos
›› Contrastar normas de comportamiento ›› El imperativo negativo ›› Acciones relacionadas con comportamientos

6a/b

- Esta actividad da un paso más allá. A partir del contenido de un blog realizado por una española residente en Suiza, los alumnos tendrán la oportunidad de contrastar comportamientos en diferentes entornos culturales.
- Para empezar, pida a sus alumnos que lean el blog y realicen la actividad **a** tal y como se les pide en el libro. Una vez hayan terminado, deje que comparen sus respuestas. A continuación, aproveche para realizar un trabajo léxico del texto. A partir de los títulos incorporados a cada párrafo, puede realizar en el pleno de la clase una clasificación del léxico, pidiéndoles que nombren las palabras o bloques léxicos que les ayudaron a resolver la actividad. Apunte en la pizarra lo que le vayan diciendo y anímelos a ampliarlo. Este vocabulario les va a servir para resolver más tarde la actividad **c**. El resultado podría quedar así:

Ruidos: *descanso, (no) tolerar ruido, tareas de bricolaje, lavadora...*
Puntualidad: *llegar tarde, minutos de cortesía, extender la visita,...*
Trato (in)formal: *darse besos, saludar, estrechar la mano, despedida*
Invitaciones: *llevar un regalo, flores, botella de vino...*
Saludos: *presentar, dirigirse a alguien de usted, llamar por el nombre de pila*

- Antes de pasar a la actividad **6b**, apunte en la pizarra la frase "no llames tampoco a la persona por su nombre de pila" y pregunte a sus estudiantes por la forma verbal. Una vez hayan averiguado que se trata de un imperativo negativo, pida a sus estudiantes que busquen más formas en el texto. El cuadro del ejercicio **6b** les puede ayudar en la realización del ejercicio.
- A continuación, sus estudiantes tienen que reunirse en grupos de tres personas y comparar sus respuestas. Usted puede pasar por los grupos y responder a posibles dudas o preguntas.

Observación: tras las actividades **6a/b**, si dispone de tiempo y lo considera necesario, puede remitir a sus alumnos a la actividad **2** de *Mi gramática* en la página 76. Allí podrán profundizar en las formas del imperativo irregular.

Ampliación: antes de comenzar, y si dispone de tiempo, puede hacer una actividad introductoria al tema. Sus estudiantes tienen que cerrar el libro y usted apunta en la pizarra la siguiente pregunta: *¿qué tipo de consejos le darías a un español que va a vivir a Suiza?* Sus estudiantes tienen que reunirse en grupos de tres personas y elaborar una lista. Al final, puede poner en el pleno de la clase los resultados de los trabajos en grupos.

6c

- Puede realizar la actividad como se propone en el libro, pero si quiere darle una perspectiva más interesante y compleja, también puede tener en cuenta la procedencia de sus alumnos en clase. En ese caso, pídales que distingan entre su entorno y el lugar del que proceden. La actividad puede resultar incluso más enriquecedora si amplían los contextos: región en la que estudio, lugar del que procedo, otra cultura que conozco. Posiblemente algunos de sus alumnos hayan vivido en otros países y podrían ampliar la lista de recomendaciones o normas.
- Al final, ponga en común los resultados del ejercicio en el pleno de la clase. Puede pedir a un grupo que lea sus resultados, los apunte en la pizarra y los amplíe con las propuestas de otros compañeros. Anote las propuestas de sus alumnos en la pizarra.

En mi ciudad o región	*En mi país de origen*	*En ...*
		...

7 Te invito a mi casa

7a

- Pida a sus estudiantes realizar la actividad **7a** tal y como se propone en el libro. Anímeles a comparar luego sus respuestas con su compañero. Aproveche para discutir en el pleno las posibles respuestas que hayan podido surgir.

7b

42–44

- Antes de comenzar con la audición de la actividad **7b**, contextualice para sus estudiantes la actividad: Juan y Cecilia han sido invitados a una cena y en la conversación podrán escucharlos hablar con sus anfitriones en tres momentos de la noche: al llegar a la casa, durante la cena y cuando deciden irse. Antes de escuchar, pida a sus alumnos que lean las preguntas de la actividad que se refieren a esos tres momentos.
- Pida a sus estudiantes que, en la primera audición, tomen nota del contenido más importante para responder las preguntas.
- Tras una primera audición, tienen que intentar responder a las preguntas a partir de sus notas.
- A continuación, deben volver a escuchar la conversación y deben completar la información que les falta.
- Al final, en parejas, tienen que comparar sus respuestas. Usted puede pasar por los grupos y resolver posibles preguntas o dudas.
- Pida a sus estudiantes que, después, comparen sus respuestas. Aclare posibles dudas que hayan podido surgir.

7c/d

En estas dos actividades, nos centraremos en las posibles diferencias culturales que puedan surgir en este tipo de situaciones. Partiendo de las acciones de la actividad **7a**, los alumnos tendrán que clasificar las frases de **7c**. Pregúnteles si hay algo que les llame la atención o si en esta situación ellos actuarían así.

- En la actividad **7d**, tendrán que establecer una lista de recomendaciones a partir de lo que han descubierto durante las actividades anteriores. Si quiere, puede proponer que hagan esta actividad en parejas. Indique a sus alumnos que el cuadro situado a la derecha puede ayudarles a la hora de realizar el ejercicio. Hágales ver la diferencia que existe entre un "es habitual..." y un "es obligatorio...". Estas diferentes formas de expresar la habitualidad o la necesidad les ayudarán a establecer diferencias entre lo que es costumbre, pero puede no ser así, y lo que, por el contrario, es una norma establecida y difícil de romper dentro de un marco cultural. A continuación, ponga en común en el pleno de la clase los resultados.

Observación: si dispone de tiempo y lo considera necesario, puede remitir a sus alumnos a la actividad **2** de **Mi léxico** en la página 77. Allí podrán profundizar en las colocaciones de verbo y complementos.

→ Ejercicios 12- 20 págs. 135-139.

NUESTRO PROYECTO

Objetivos

» Ponerse de acuerdo en una serie de costumbres o hábitos sociales de otros países que nos gustaría integrar en la propia cultura

a/b/c/d

- Pida a sus estudiantes que formen grupos de cuatro personas y realicen el ejercicio tal y como se indica en los apartados **a**, **b** y **c** de *Nuestro proyecto*. Indique a sus estudiantes que al final del trabajo en grupo van a presentar en el pleno la lista de las costumbres que les gustaría integrar de otros lugares.
- Tras haber realizado los apartados **a**, **b** y **c**, ponga en común en el pleno de la clase (apartado **d**) las listas de sus estudiantes. Usted puede apuntar en la pizarra los hábitos y el campo semántico con el que están relacionados.

Amigos	*Alimentación*	*Tiempo libre*	*Ropa*

Escribimos

A partir de lo trabajado en las actividades de *Nuestro proyecto*, los alumnos escribirán un correo electrónico a un estudiante extranjero, en el que explican las normas más habituales en su universidad. Tanto si decide hacer este trabajo en clase en forma de escritura colaborativa, como si decide hacerlo de forma individual como tarea para casa, recuerde a sus alumnos las fases principales para la elaboración de textos escritos que le dimos en la página 7 del libro.

MI GRAMÁTICA

Esta página se puede trabajar tras las actividades de clase, como ya se ha indicado en la guía, o bien al final de la unidad. En este apartado se revisan las expresiones para transmitir mensajes de otros y los imperativos irregulares.

MI LÉXICO

1 Mensajes

En esta actividad se trabaja el léxico, en especial, los verbos y sus complementos en la transmisión de mensajes de otros. A partir de los mensajes, los alumnos tendrán que resumir con sus propias palabras lo que han dicho otras personas. Para ello, tendrán que reformular de forma más concisa los mensajes, por ejemplo:

2. Silvina te felicita por el aprobado / por aprobar el examen.

3. Juan se disculpa por haber tenido que salir antes., etc.

2 Colocaciones

En este ejercicio, sus estudiantes trabajan unidades léxicas de forma estratégica al relacionar los verbos con sus complementos.

CULTURA

Objetivo

›› Trabajar las costumbres en otros países y compararlas con las propias

De nuevo, en este apartado los alumnos harán un trabajo intercultural a partir de un artículo aparecido en el diario chileno *La tercera*. En este artículo sus alumnos tienen la posibilidad de relativizar las costumbres y ver cómo muchas normas sociales van cambiando debido también a la globalización y a las circunstancias (edad, situación laboral, etc.) y modelos de vida que se imponen. El contenido de este texto les servirá para "desmontar" creencias culturales.

a

- Sus estudiantes tienen que contestar, en primer lugar de forma individual, a las preguntas. Propóngales que lo discutan en parejas. Recoja en el pleno de la clase sus respuestas. Seguramente habrá opiniones diferentes sobre el tema.
- Luego, pida que se reúnan en grupos de tres personas y comparen sus respuestas. Usted puede pasar por los grupos y resolver posibles preguntas o dudas.

b

- A continuación, sus estudiantes tienen que realizar la actividad tal y como se indica en el libro. Para poder comparar después la información con la suya en **a**, deje que marquen aquella información que es diferente y la que no lo es tanto.
- A continuación, usted puede poner en común las respuestas de sus estudiantes. Luego, pregúnteles qué es lo que más les ha sorprendido del texto. En caso de haber preguntas relacionadas con el vocabulario, puede trabajarlo de forma estratégica tal y

como se ha ido proponiendo a lo largo de los apartados de *Mi léxico*.

c

- Pida a sus estudiantes que se reúnan en grupos de tres personas y realicen el ejercicio **c**.
- A continuación, ponga en común el trabajo realizado en los grupos y apúntelo en la pizarra.

Buena educación (antes)	*Buena educación (ahora)*	*Cambios: antes y ahora*

Un semestre de intercambio

PORTADA

Objetivos

» Presentar los objetivos comunicativos de la unidad y el proyecto que se realizará al final de la misma

» Presentar a partir de tres breves textos informativos, léxico relativo al mundo académico

- Antes de comenzar con las actividades de esta página, dirija la atención de sus estudiantes hacia el título, los objetivos de aprendizaje que se presentan, así como las tareas que realizarán en la unidad.
- Pregúnteles si ya han realizado algún tipo de intercambio académico o han asistido a cursos de español en alguna universidad hispanohablante. En el caso de que así sea, pídales más información y apúntela en la pizarra. Para que la comunicación sea más fluida, puede dirigir esta información a partir de una serie de temas o preguntas que puede escribir en la pizarra, anote después brevemente las informaciones principales. Le damos a continuación un ejemplo:

Nombre de la universidad	*Javeriana*
Lugar	*Cali, Bogotá*
Características	*cursos de español*
La elegí porque…	*amigos*

Una vez recogida toda la información que le puedan haber dado los alumnos, puede pasar a las actividades.

a

- En esta actividad se presenta tres universidades muy diferentes, tanto por los lugares en que se encuentran, como por el carácter de las universidades. Indíqueles que observen las fotos y lean los textos con la intención de elegir la universidad que más les guste y discutir la elección con su compañero/-a. Si la información no fuera suficiente, pueden acudir a las páginas web de las universidades y recabar información. Para poder luego comparar la elección con su compañero/-a es importante señalarles que marquen o se apunten aquellas informaciones que les han resultado relevantes para tomar la decisión. Asegúrese de que hayan entendido el texto.
- Antes de pasar a la interacción en parejas, deténgase en las muestras de lengua y en concreto en los recursos lingüísticos que allí se ofrecen. Si es necesario escríbalas en la pizarra y marque las estructuras: *resultar + adjetivo, sobre todo porque* e *inclinarse por.* Explique brevemente su funcionamiento.
- Mientras realizan la actividad de interacción, paséese por la clase y preste atención a las producciones de los alumnos. Después recoja en el pleno de la clase qué universidad ha sido la más votada, así como los argumentos que apoyaron la decisión.

b

Con esta actividad se cierra la secuencia didáctica de esta página. Hasta aquí se han hablado de experiencias personales durante un intercambio académico y se han leído tres textos informativos sobre universidades. Ahora trataremos las posibles razones para realizar un estudio en el exterior y el lugar de preferencia. Realice la actividad tal y como se propone en el libro.

7A PREPARANDO EL INTERCAMBIO

- Antes de pasar a la primera actividad de esta parte de la unidad, explique la nueva estructura de las unidades de este tomo **B2**. Se habrá dado cuenta de que a partir de ahora tendremos una parte **A** que constará de cuatro páginas, es decir dos páginas dobles, y que se cerrará con una actividad de escritura: **Escribimos**; y una parte **B**, también de cuatro páginas, que se cerrará con una actividad algo más compleja: **NUESTRO PROYECTO**.
- A continuación lea los objetivos que se marcan en esta primera doble página, así como el título de este apartado **A.** Pregúnteles sobre las situaciones comunicativas que se podrían esperar bajo ese título. De esta manera despertará el interés de sus alumnos. A continuación puede resumir brevemente las situaciones que se presentarán en esta parte de la unidad: hablar sobre criterios para elegir una universidad y valorarlos, informarse sobre un intercambio académico, por ejemplo durante una tutoría, y el correo electrónico para pedir una cita.

1 Criterios

Objetivos
» Valorar criterios para elegir una universidad
» Repaso de expresiones para expresar valoraciones y el uso del modo subjuntivo en oraciones subordinadas » Corroborar una información o mostrar inseguridad o desconocimiento

1a

- Divida la clase en parejas o pida a los alumnos que hablen con un/a compañero que tengan al lado.
- Pida que lean la lista de criterios que ofrece el ejercicio y que se pongan de acuerdo sobre el orden que ellos darían de mayor a menor importancia. Para negociar el orden de la lista, tendrán que utilizar expresiones de valoración o de opinión, o cuestionar la opinión del compañero aportando otra propuesta. Revise antes de empezar con la actividad en parejas, los recursos comunicativos que aparecen en la caja amarilla. Algunas de estas expresiones y su funcionamiento ya son conocidas por los alumnos. Repase su uso y amplíe las posibilidades, explicando primero el contenido de la caja y haciendo después la actividad del apartado **Mis recursos**, actividad número **1**. Para ello traslade a la pizarra el esquema que encuentra en la página 16 del libro del alumno y complételo con todas las expresiones que le vayan indicando los estudiantes. Ponga un ejemplo ya conocido e incluya también los que aparecen como modelos de lengua en la página 8.

cuestiono	*No creo que*	
	Dudo que	*+ subjuntivo*
Introduzco una opinión	*Pienso que*	
	Creo que	*+ Indicativo*
	Parece que	
	Considero que	
valoro	*Valoro (más/positivamente) que*	
	Es indispensable que	
	Estoy sorprendido de que	
	Considero importante / oportuno que	
	No es tan importante que	
	Es ideal que	
	Es una lástima que	*+ subjuntivo*
	Es mejor que	
	Conviene que	
	Me desagrada que	
	Parece conveniente que	

- Paséese por la clase y resuelva las dudas de vocabulario que hayan podido surgir.
- Ponga después en común los resultados en el pleno de la clase. Para ello escriba la lista de criterios y ponga al lado el orden de importancia que ha dado cada pareja a cada criterio.

1b

1

- Contextualice la audición: dos estudiantes van a contar porqué han elegido Salamanca para estudiar. Si es necesario, deje que escuchen la audición dos veces.
- En la primera, pídales que solo escuchen sin tomar notas. Después deje que intercambien lo que han entendido. En la segunda audición, podrán corroborar si lo que han comentado con su compañero/-a es cierto. Para ello tomarán notas.

1c

- Tras haber tomado notas. Pida a sus alumnos que con otro/-a estudiante comparen las notas que han tomado e intenten reconstruir lo que han contado. Para ello podrán tomar el diálogo modelo como guía, así como las expresiones que aparecen en la caja amarilla: corroborar información o mostrar inseguridad o desconocimiento. Anímeles a que utilicen algunas de ellas. En el caso de que tengan un teléfono móvil, puede animarlos a que se graben y después escuchen sus intervenciones.

2 Un correo

Objetivos
» Comprender una breve carta para solicitar una cita con un profesor de la universidad » Expresar la cortesía y justificar una petición

2a

- Deje que de forma individual lean el correo electrónico que Markus, un estudiante de español, ha enviado a una profesora de español de la universidad en la que estudia. Pídales que lean el email centrándose en el contenido y contesten solo a la pregunta que se les pide: ¿para qué escribe a su profesora?

Observación: una vez obtenida la respuesta, puede preguntarles por las dudas de vocabulario que hayan podido tener. Seguramente le interrogarán sobre las formas verbales *pasara* y *pudiera* que aparecen al final del primer párrafo. Infórmeles solamente que se trata de una nueva forma del subjuntivo, en concreto del *imperfecto*, que verán con más detalle en la actividad 4 de esta parte de la unidad.

2b/c/d

- Pida a sus estudiantes que vuelvan a leer el texto con el objetivo de buscar expresiones o formulaciones que indiquen un registro formal. Para ello pídales que se fijen en el saludo, en la despedida y en cómo se realizan las peticiones. Ayúdeles con el siguiente esquema en la pizarra:

Saludo:
Peticiones:
Agradecimiento:
Despedida:

- Después ponga en común los resultados y complete el esquema en la pizarra. Dirija la atención hacia el uso del *condicional* que se realiza en la carta y remita a los alumnos a la caja amarilla con su explicación que aparece junto a las actividades **2b** y **2c**. Deje que lean el contenido y aclare las posibles dudas. Asimismo, recuérdeles que ya conocieron este modo verbal en el nivel **B1**, en concreto en la **unidad 5**, donde se hacía uso del *condicional* para expresar la posibilidad.
- Una vez explicado el uso del *condicional* para la cortesía, pase a la actividad **2c** donde el alumno tendrá oportunidad de practicar estas formas.
- En la actividad **2d** seguiremos con esta práctica pero de una forma menos guiada y más libre. En grupos, deje que sus alumnos experimenten lo que acaban de aprender. Llámeles la atención sobre el hecho de que cuando en español hacemos una petición, se suele también justificar la necesidad de la misma y esto lo hacemos introduciendo la justificación con el conector *es que*. Parta del ejemplo para explicar este uso.

Observación: Si necesita reforzar este contenido, puede dirigir a sus alumnos al apartado **Mis recursos**, actividades **2** y **3** de la página 16.

3 Una tutoría

Objetivos
» Comprender una conversación entre una profesora y su alumno » Presentar terminología relativa a los intercambios académicos » Pedir una valoración

3a/b

2

Antes de pasar a escuchar la audición, deje que sus estudiantes lean los posibles temas que se presentan y aclare las posibles dudas de vocabulario. Pase a continuación a escuchar la conversación entre profesora y alumno. Después pida a sus alumnos que comparen sus respuestas. En el caso de que tengan todavía dudas, ponga de nuevo el texto audio. Aproveche esta segunda audición para contestar también la pregunta **3b**. Seguramente ya conocen parte de la respuesta: el alumno quiere irse a estudiar a Alicante. Pídales que den los motivos por los que ha tomado esta decisión.

3c

2

De nuevo tendrán que escuchar el texto audio, pero antes de hacerlo pídales de nuevo que lean la lista de posibles recomendaciones. Tras la escucha tendrán que marcar aquellas que la profesora nombra. Es posible que haya alumnos que tras la segunda audición ya sean capaces de marcar las respuestas; si es así, deje que utilicen esta escucha como comprobante.

3d

- En esta actividad los alumnos tendrán que ampliar una posible lista de recomendaciones para Markus. Pídales que antes de empezar hagan una lista con dos o tres recomendaciones de forma individual. Una vez tengan la lista, deténgase en las dos cajas explicativas de la derecha en las que encontrarán una serie de recursos lingüísticos para pedir una valoración al /a la compañero/-a, y también para responder atenuando los argumentos: *lo veo bien, aunque..., Claro, aunque..., Tal vez, pero...* Deje que comparen ahora sus listas. Se recomienda realizar la parte productiva de la actividad en parejas. Paséese por los grupos y recoja al final en la pizarra las recomendaciones nuevas que aporten los alumnos.

Observación: en el caso de que el término de su hora lectiva coincida con la primera doble página de esta unidad, le recomendamos realizar las actividades del libro de ejercicios que se corresponden a esta primera parte. Estas le ayudarán a consolidar los nuevos contenidos léxicos de estas dos primeras páginas, así como a revisar el uso del subjuntivo que aprendieron en el nivel **B1** y que será el punto de partida para las actividades posteriores de la unidad.

→ Ejercicios 1, 2 y 3, págs. 80-81.

4 La decisión

Objetivos
» Expresar valoraciones sobre hechos pasados
» Uso del *imperfecto de subjuntivo* y morfología de este tiempo verbal

4a

- Antes de pasar a la actividad **4a**, presente los objetivos que se marcan en esta doble página: hablar de experiencias en el pasado y escribir una carta de petición. Para ello el alumno necesitará retomar contenidos del nivel anterior, como describir una experiencia pasada y valorarla. Para este fin necesitaremos incluir un nuevo tiempo del modo subjuntivo: *el imperfecto*, el cual apareció ya en la primera carta.
- Pida a sus estudiantes que lean el correo de forma individual, fijándose en primer lugar en lo que le pide el ejercicio: qué medidas va a tomar Markus para que su estancia en la universidad de Alicante sea exitosa, es decir, qué recomendaciones va a seguir. Antes de pasar a la siguiente actividad, asegúrese de que han entendido bien el correo. Seguramente no habrán tenido grandes dificultades en comprender el texto ya que el vocabulario utilizado es en su mayor parte conocido.

4b

- Antes de pasar a analizar las nuevas formas verbales que se presentan, pida a sus alumnos que busquen en los textos las frases en que estas aparecen. Es decir, pídales que marquen las matrices a partir de las cuales en la oración subordinada aparece un *imperfecto de subjuntivo*. Después vaya escribiéndolas en la pizarra.

Me recomendó que me informara sobre los programas de mentoría.

Me ayudó muchísimo que hablarais despacio conmigo.

Me encantó que me enseñarais todas esas expresiones.

Me desesperaba que os rierais de mí.

Me encantaría que fuerais menos graciosos.

No puedo comprender que mi pronunciación os resultara tan graciosa.

- Explíqueles que todas estas matrices introducen un consejo (*recomendar*), una valoración (*me ayudó, me encantó, me desesperaba*) o cuestionan la información de la subordinada (*no puedo comprender que...*). Seguramente que las matrices *me ayudó que* y *me desesperaba que* les resultarán en un primer momento poco claras pero si les hace ver que aquí se utilizan de forma valorativa, sus alumnos comprenderán el uso de subjuntivo.
- Después vuelva a la pregunta que se plantea en la actividad: ¿por qué creen que se utiliza aquí el *imperfecto de subjuntivo* en vez del *presente*? Para ello será necesario que se fijen en los tiempos verbales de las matrices: estas introducen una experiencia pasada o una experiencia hipotética en el presente o futuro (*me encantaría que fuerais menos graciosos*).
- Asegúrese que hayan entendido el uso y deje que a continuación lean las dos cajas explicativas que aparecen en la actividad. Si lo considera necesario, puede dejarles practicar con un dado la morfología verbal del *imperfecto de subjuntivo* a partir de los verbos que aparecen en la carta.

Observación: si necesita reforzar esta explicación en clase, puede dirigirles al apartado **Mis recursos**, actividad **4** de la página 17, donde se trabaja el uso del *presente* o *imperfecto de subjuntivo* de forma contrastiva.

4c

A continuación de forma guiada, sus estudiantes tendrán oportunidad de practicar las formas del *imperfecto de subjuntivo*.

4d/e

- En estas dos actividades sus estudiantes practicarán de forma menos guiada la función comunicativa de hablar de una experiencia pasada y valorarla. Deje que realicen la actividad tal y como se propone en el libro y después trabajen en parejas. Deles tiempo suficiente para que elijan las experiencias que quieren contarle a su compañero/-a. Después si tienen un teléfono móvil, pídales que graben sus conversaciones para pasar luego a analizarlas.
- En la actividad **4e** informarán a la clase de las experiencias que les han parecido más interesantes.

→ Ejercicio 4-10, págs. 82-85.

Escribimos

Objetivos
» Comprender la página web de un alojamiento universitario » Escribir un correo electrónico solicitando un cambio de reserva

Si no cuenta con suficiente tiempo en clase, puede pedir a sus estudiantes que realicen la actividad de escritura en casa o trasladarla a la plataforma de aprendizaje que usted tiene en su universidad. Pero antes explíqueles lo que tendrán que hacer:

a
Para darle más realismo a la situación, pida a sus estudiantes que busquen en Internet este alojamiento universitario y que allí investiguen sobre las modalidades de alojamiento y precios que se ofrecen.

b
- Como normalmente este tipo de reservas, se pueden hacer ya por internet, cumplimentando una solicitud, los autores han buscado una situación más verosímil: Markus se ha dado cuenta de que ha elegido el régimen de pensión completa en vez del de media pensión. Para ello sus estudiantes tendrán que ayudarle a redactar un correo para pedir el cambio de reserva y su confirmación. En la actividad se les da ya un posible cuerpo de carta a partir del cual podrán desarrollar la suya.
- Antes de que empiecen la actividad, revise con ellos, además, todas las fórmulas para solicitar algo que se utilizan en las cartas en español. Para ello remítales a la caja de la derecha del ejercicio. Deje que la lean y le pregunten en caso de dudas.
- La corrección de la carta puede realizarla al día siguiente en clase. Recoja todas las cartas y repártalas entre sus estudiantes. Deje que ellos corrijan las cartas de sus compañeros de clase.

→ Ejercicios 11, pág. 86.

7B ETAPA ERASMUS

- Lea con sus alumnos los objetivos marcados en esta primera doble página **B** y deténgase en el título. Recuérdeles que este apartado **B**, al igual que el **A**, consta de dos dobles páginas y se cierra con una actividad en grupo, **NUESTRO PROYECTO**.
- En esta segunda parte de la unidad, trasladaremos al alumno a la situación de llegada a la universidad de Alicante. Para ello Markus, al que ya conocieron en la parte **A**, tendrá que leer una guía de la universidad, comentarla con un compañero de clase, y después se encontrará con un amigo con el que intercambiará impresiones. Así mismo en las dos páginas siguientes tendrá la oportunidad de trabajar el tema desde un punto de vista intercultural. Al final, en la actividad **NUESTRO PROYECTO** podrán realizar un póster para poner en práctica todo el vocabulario aprendido durante la unidad.

5 En la universidad de Alicante

Objetivos
» Comprender una guía universitaria » Ampliar la terminología del ámbito académico » Conocer otra realidad académica

5a
- Esta guía académica de la Universidad de Alicante tiene como objetivo presentar al alumno una serie de conocimientos específicos sobre el sistema universitario español. En él tendrán oportunidad de conocer el calendario académico típico de una universidad española, cómo funciona la asistencia a clase, el sistema de turnos, el trato con los profesores, las lenguas oficiales de la Comunidad Valenciana y su presencia en las clases, etc. Todos temas muy importantes si el alumno quiere solicitar una beca para estudiar en una universidad española.
- Antes de leer el texto y completar la guía con las palabras que faltan, en este caso las rúbricas, tómese el tiempo para trabajar el vocabulario en cuestión. Discuta con sus alumnos las diferentes rúbricas y pregúnteles qué tipo de información se esperan bajo "asistencia a clase", "sistema de evaluación". Adelante de esta forma vocabulario del texto y apunte en la pizarra todas las palabras o expresiones que vayan mencionando. Después deje que de forma individual completen el texto, si le parece oportuno también les puede pedir que vayan subrayando aquellas palabras o expresiones que les están ayudando a resolver la actividad. Por ejemplo: *Calendario académico: fecha oficiales, comienzo y final del curso, segunda semana de septiembre, vacaciones de Navidad, etc.*
- Después deles un par de minutos para comparar con sus compañeros y asegurarse de que tienen lo mismo. Pregunte si han surgido dudas al resolver la actividad.

5b

Si han subrayado expresiones o palabras en la actividad anterior, les resultará fácil buscar información sobre estos campos semánticos. Escríbalos en la pizarra y pídales que mencionen las expresiones o palabras con las que los asocian. Algunas de las expresiones pueden aparecer en varios campos. La actividad podría resolverse de la siguiente manera:

En clase	*Los cursos*	*La evaluación*
pasar lista *pasar una hoja para firmar* *asistir a clase* *impartir (clase)*	*turno de mañana / de tarde* *horario* *asignatura* *tutorías*	*nota final* *exámenes parciales / finales* *trabajos individuales* *presentaciones orales, participación activa* *calificaciones* *aprobar* *sacar un cinco*

5c

Pida a los alumnos que vuelvan a leer el texto y marquen o anoten aquellos aspectos que son diferentes en su universidad. Puede dejar que resuelvan la actividad en grupo. Paséese para ver cómo la resuelven y tome notas de las expresiones que utilizan para expresar sorpresa o extrañeza, o comparar la información. Si le parece necesario antes de realizar la actividad o al finalizarla para sistematizar, puede hacer un repaso de este tipo de expresiones que ya trabajaron en el nivel **B1**, escribiendo en la pizarra, por ejemplo, las que hayan utilizado.

Mostrar extrañeza	*Comparar*
Me parece raro que… *Me sorprende que…* *Me resulta extraño que…*	*En Alicante… en cambio aquí…* *Aquí… sin embargo en Alicante…*

→ Ejercicio 12, págs. 86.

6 Algunas dudas

Objetivos
» Pedir información sobre algo que no se ha entendido

6a

3

Introduzca primero la situación de partida de la audición: Markus va a preguntar a un compañero sobre algunas cuestiones de la universidad que no ha entendido bien. Para ello diga a sus estudiantes que van a escuchar dos veces la audición. En la primera escucha pídales que se concentren en averiguar los temas principales sobre los que discuten (en concreto Markus tiene dudas sobre el horario, el trato con los profesores y la nota que se necesita para aprobar). Tras esta primera escucha, deje que en parejas pongan en común la información comprendida. En la segunda audición tendrán que especificar un poco más: *¿qué preguntas le hizo Markus a su amigo?* En concreto este preguntó por el significado de las palabras *hueco* y *sacar un cinco*. También se aseguró de haber comprendido que el trato entre profesor y alumno es muy cercano y por eso se tutean.

6b

En esta actividad los alumnos trabajarán con algunas de las expresiones utilizadas en el diálogo. Deje que primero las clasifiquen en la tabla. Todas son expresiones que les sirven para interaccionar en una conversación en la que tengan como objetivo formular preguntas y verificar información. Si tiene tiempo, puede pedir que lean (y escuchen) el texto en las páginas 175 y 176 y marquen las expresiones en el contexto donde aparecen.

→ Ejercicios 13-14, págs. 87-89.

7 Después del primer día en la universidad

Objetivos
» Hablar de experiencias pasadas pero que han tenido lugar en un contexto todavía actual » Uso del pretérito perfecto de subjuntivo y morfología » Identificar y comprender expresiones coloquiales en una conversación entre estudiantes

7a/b

4

- El alumno escuchará como 2 o 3 veces la audición. La primera vez solo tendrá que hacer una audición de tipo global. Para ello pídales que lean los temas que aparecen en el libro. Después de escuchar pídales que comparen con un/a compañero/-a y se cuenten todo lo que hayan entendido.
- En la segunda audición (**7b**) tendrán que prestar más atención. Pídales que para ello en primer lugar lean las 6 frases que aparecen en el libro y piensen si hay alguna que ya puedan contestar antes de realizar la segunda audición. Ponga a continuación el texto auditivo. Una vez que hayan escuchado, pídales nuevamente que comparen sus resultados con su compañero/-a. En el caso de que necesiten volver a escuchar la audición, póngala. De esta manera también podrán comparar sus resultados.

7c

En esta actividad pasaremos a descubrir un nuevo tema gramatical que en parte no es tan nuevo. En las seis frases de **7b** aparecía el *pretérito perfecto de subjuntivo*. El uso del subjuntivo en este tipo de oraciones no es nuevo (oraciones de valoración), lo que es nuevo es el tiempo utilizado. Antes de leer la caja amarilla, deje que piensen qué valor tiene este nuevo tiempo verbal. Después lea las cajas y si tiene tiempo, propóngales hacer la actividad **5** de la página **Mis recursos**, donde podrán trabajar este nuevo uso desde el análisis del contexto.

Observación: Si necesita reforzar este contenido, puede dirigir a sus alumnos al apartado **Mis recursos**, actividad **5** de la página 17.

7d/e

4

En esta nueva actividad volverán a escuchar de nuevo el texto audio. Si ya lo han escuchado tres veces, le proponemos que lean el texto que aparece en la página 176 del libro y busquen las expresiones conversacionales que aparecen en el ejercicio y las clasifiquen según su uso en la tabla de **7e**.

→ Ejercicio 15, pág. 89.

8 Primeras impresiones

Objetivos

» Reflexionar sobre experiencias en otros países

8a/b

- De forma individual pida a sus estudiantes que completen las frases que aparecen en las burbujas. Para ello tendrán que poner en práctica lo aprendido en la actividad **7c**.
- En **b** trabajarán en parejas. Pídales que primero piensen en algo que les ha sorprendido, gustado, etc, durante la semana. Para ello lea con ellos primero el contenido de la caja amarilla que aparece en el margen. Recuerde cómo se construyen los verbos de experiencia y cómo se utilizan los diferentes tiempos verbales, introduzca también el *infinitivo compuesto*. Si le parece conveniente, pase a escribir en la pizarra su explicación invitando a sus alumnos a que le vayan diciendo frases ejemplo como la de la caja.

Me ha sorprendido que la gente sea tan abierta. (información válida todavía)
Me ha sorprendido que la gente haya sido tan abierta. (información pasada pero en un contexto actual)
Me sorprendió que la gente fuera tan abierta. (información pasada pero en un contexto no actual).
Me ha sorprendido conocer a tanta gente. (presente)
Me ha sorprendido haber conocido a tanta gente. (pasado)

- Después deje que realicen la actividad en parejas y las comenten con las expresiones de **7d**.

9 Choques culturales

9a/b

- Deje que los alumnos lean de forma individual la entrada de este estudiante limeño que estudia en la universidad de Alicante y marquen los aspectos que para él han supuesto un cambio de costumbres. Después pídales que mencionen cómo son estos aspectos en su ciudad.
- Estas actividades, **a** y **b**, les servirán para preparar una nueva audición.

5

9c
Proceda como en las anteriores audiciones, introduzca el contexto y el tema de la audición, y a continuación pida a sus estudiantes que escuchen una vez y después, en parejas, intercambien las informaciones que han comprendido. En una segunda audición deberán tomar notas de los aspectos que mencionan las dos estudiantes. Pídales que con su compañero/-a comparen lo que han entendido.

9d
En este punto **d** haremos la reflexión sociocultural e intercultural sobre el tema. Deje que trabajen en grupos una lista de aspectos que podrían sorprender a estas dos estudiantes españolas si llegaran a su universidad.

→ Ejercicio 16, pág 90.

NUESTRO PROYECTO

» Elaborar un póster informativo para los estudiantes extranjeros que llegan a nuestra universidad.

a
- De forma individual o ya en grupo deje que fijen los temas que se tratarán en el póster informativo. Anímales a añadir otros que les parezca de interés y genuinos de su universidad.
- Pídales que, además, en esta fase, piensen para cada tema, qué aspectos habrá que tener en cuenta. Por ejemplo, para el alojamiento, cuál es la forma más barata de vivir, en qué barrios de la ciudad es más fácil encontrar alojamiento, si existe una bolsa de alquiler en la universidad, etc.

b
Para realizar esta actividad explique a sus alumnos que basándose en las informaciones recogidas en la actividad **b**, tendrán que decidir en qué momento habría que ocuparse de ello: antes de llegar, durante la estancia o después del intercambio. Para ello tendrán que ponerse de acuerdo. En el ejercicio tienen un modelo conversacional para hacerlo.

c
- Después de ponerse de acuerdo, sería conveniente que repartieran tareas para realizar el póster.

Observación: en el caso de no tener tiempo para realizar esta parte de la actividad en clase, también puede pedirles que se reúnan fuera de clase para realizar el póster, que después le hagan una foto y lo cuelguen en la plataforma, en el caso de tener una. Si no, pueden traer el póster el próximo día a clase y ensenarlo a los otros estudiantes.
- En el caso de tener espacio en los pasillos del lugar donde imparte clases, puede aprovechar para adornar las paredes con el trabajo realizado por los alumnos.

MIS RECURSOS

- Como se habrá dado cuenta, en el nivel **B2** hemos optado por ofrecer una doble página bajo la rúbrica **Mis recursos**. Consideramos que en este nivel no resulta siempre fácil distinguir entre actividades de gramática o de mi léxico. Por eso y porque esta doble página incluirá en otras ocasiones actividades para consolidar o desarrollar la competencia discursiva, se llamará a partir de ahora **Mis recursos**. Por supuesto, en ella seguirá encontrando actividades parecidas a las que ya se trataron en los niveles anteriores.
- Usted puede optar por realizar estas actividades en clase, en el lugar recomendado en esta guía, es decir, a continuación de la actividad en la que se trató el tema, o dejarlas como trabajo autónomo fuera del aula. Dependerá de las necesidades de su alumnado, pero también del tiempo que disponga.

CULTURA

Objetivos
» Acercamiento sociocultural de la problemática que plantea para las ciudades la recepción masiva de estudiantes » Comprender un artículo periodístico sobre el tema

a
- Recomendamos trabajar esta actividad en pequeños grupos. Posiblemente al preguntar por las ciudades preferidas para ir de Erasmus, surgirán destinos como Barcelona o Granada en España. Seguramente que sus estudiantes tienen experiencias sobre el tema y saben qué aspectos positivos o negativos puede tener la llegada masiva de estudiantes. Deje que hagan una lista donde aparezcan tanto ventajas como inconvenientes. Después pídales que se imaginen que se entiende por *estudiantificación*..
- A continuación deje que cada grupo presente uno o dos argumentos de su lista.

b

- Una vez trabajada la actividad **a**, les resultará seguramente más fácil leer el texto. Pídales que se limiten a contestar la pregunta que se les hace. Una vez contestada la pregunta, deje que comparen con sus compañeros.

Ampliación: como el texto es muy rico en expresiones relativas a la economía, el turismo o la política, puede aprovechar para pedirles un trabajo de vocabulario extra. Deje que en clase o en casa busquen expresiones relativas a esos tres temas u otros y que hagan un listado. Después, si tiene una plataforma, puede pedirles que escriban dos expresiones que les hayan parecido útiles.

c

La actividad **c** puede realizarla de forma oral en clase, o por el contrario si no dispone de tiempo, pedirles que la contesten por escrito en su plataforma.

Este bloque de texto le podría servir para estimular y apoyar la escritura de sus alumnos.

El autor del texto considera que el proyecto europeo .... aunque también es verdad que este ...., además de .... Sin embargo también es cierto que .... El autor describe el comportamiento de los estudiantes de la siguiente manera. Comenta que ...., aunque por otro lado también ....

Yo por mi parte, considero que, los programas Erasmus han servido para ...., aunque también es verdad que .... En mi país en concreto, encontramos ejemplos de ...., aunque también es cierto que ....

→ Ejercicio 17, págs. 90–91.

Nos ponemos al día

PORTADA

Objetivos
» Presentar los objetivos comunicativos de la unidad y el proyecto que se realizará al final de la misma
» Introducir al tema de la unidad y léxico a partir de una encuesta sobre el uso de los medios de comunicación » Hablar sobre el uso que se hace de los mismos

• Antes de comenzar con las actividades de esta página, dirija la atención de sus estudiantes hacia el título "Nos ponemos al día" e intente que infieran el significado de esta expresión. Seguramente recordarán la expresión "ponerse en forma". Lea después con ellos los objetivos de aprendizaje que se presentan, así como las tareas que realizarán en la unidad.

a/b

Primero de forma individual, pídales que lean el test e intenten responder a las preguntas. Después pídales que, en parejas, intercambien sus respuestas para ver si coinciden. Tendrán que tomar notas de lo que dice su compañero/-a para poder contárselo a la clase.

Ampliación: como en el test aparece mucho vocabulario, sería conveniente que se detuviera con los alumnos en la sistematización del mismo. Pídales que busquen las palabras o expresiones referidas a estos temas.

Medios de información: *prensa escrita, radio...*
Tipos de noticias: *deportivas, de economía...*
Tipos de programas televisivos: *debates, noticieros...*
Cómo puede ser la información: *subjetiva, breve, objetiva...*

8A ¿QUÉ HAY DE NUEVO?

Antes de pasar a la primera actividad de esta parte de la unidad deténgase en los objetivos que se marcan en estas cuatro primeras páginas, así como el título de este apartado **A.** A continuación puede resumir brevemente las situaciones que se presentarán en esta parte de la unidad: comprender noticias escritas, hacer hipótesis a partir de imágenes, describir imágenes, y también comprender noticias radiofónicas y comprender un editorial periodístico.

1 Fotos periodísticas

Objetivos
» Describir fotos y hacer hipótesis sobre las mismas
» *El futuro compuesto* para hacer hipótesis » Expresar la probabilidad a partir de expresiones como *a lo mejor, tal vez, quizás...*

1a

• Divida la clase en parejas y pídales que observen las fotos e intenten describir todo lo que ven en ellas. Después pídales que lean las expresiones e intenten inferir el mayor número de palabras posibles. Seguramente no entenderán algunas de ellas. Si es así, pídales que pregunten a otros compañeros de clase hasta averiguar todas las palabras.
• Una vez que hayan trabajado el vocabulario, pídales que con ayuda de estas expresiones les describan las fotos a su compañero/-a. Para ello pueden seguir el modelo de lengua que aparece en la actividad.

1b/c

• En esta actividad tendrán oportunidad de leer la descripción que realizó otra persona sobre dos de las fotos. Pídales que relacionen la descripción con las fotos y se fijen en las expresiones que les han ayudado a resolver la actividad. De este modo, volverán a trabajar con el léxico introducido en la actividad anterior.
• En la actividad **1b** sus estudiantes tendrán de nuevo que leer los textos, pero esta vez dirija su atención hacia la información que se supone, es decir, aquella que parece probable pero de la que el hablante no está seguro. Pídales que marquen las expresiones o palabras que indican que la información se supone. De esta manera llegarán a descubrir nuevos recursos lingüísticos para hacer hipótesis, algo más complejos que el "creo que" que hasta el momento han venido utilizando.

• Dirija después la atención hacia la tabla y lea con sus alumnos la información. En la tabla se presentan dos tipos de recursos para expresar hipótesis, suposiciones o probabilidad. Por un lado tres formas verbales (*futuro simple, futuro compuesto* y *condicional simple*) y por otro una serie de adverbios con los que expresar la probabilidad *a lo mejor, quizás, tal vez, probablemente*. A partir de las frases modelo, presente a sus alumnos todos estos recursos. Escríbalos en la pizarra y revise con ellos las diferencias de contexto en las que se utilizan unos y otros.

Me imagino que habrá habido una riada.
(hipótesis sobre una acción terminada)

Estará haciendo un curso de cocina.
(hipótesis sobre una acción todavía en el presente)

Sería una riada.
(hipótesis sobre una acción terminada que ya no es actual)

Observación: Si necesita reforzar este contenido, puede dirigir a sus alumnos al apartado **Mis recursos**, actividad **1** de la página 28, antes de pasar a la actividad **1c**.

1d

• De forma individual los alumnos elaboran un texto que describa la tercera foto. Pídales que utilicen el mayor número de recursos posibles para expresar hipótesis y probabilidades.

→ Ejercicios 4 y 5, págs. 94-95.

2 Una noticia

Objetivos
» Comprender breves noticias escritas de prensa
» Identificar las partes de una noticia de prensa

2a/b

• Antes de pasar a leer la noticia, deténgase en la foto y pida a sus estudiantes que se fijen en la persona que está participando en la maratón. Para despertar el interés por la lectura del texto, pregúnteles porqué piensan que esta persona es noticia. Deje que hagan hipótesis y vaya apuntando en la pizarra lo que mencionen sus alumnos.

• A continuación deje que de forma individual lean el texto y busquen la respuesta a las preguntas que se les plantea. Estas son preguntas clásicas del periodismo que tienen que ser contestadas en la redacción de una noticia. Deténgase especialmente en las respuestas de las preguntas: *¿Cómo ocurrió?* y *¿Por qué pasó lo ocurrido?* Pida a los alumnos que busquen en el texto información que les ayude a explicar cómo ganó la maratón y por qué eso fue posible. Resuma después la respuesta de sus alumnos en la pizarra.

¿Qué pasó? *María Lorena ganó la maratón de Ultra Rail Cerro Rojo. Recorrió 50 kilómetros en 7 horas y 3 minutos. Se llevó un premio de 6 mil pesos.*
¿Cómo ocurrió? *Ganó la maratón sin equipo deportivo o preparación, solo con una falda y unas sandalias.*
¿Cuándo sucedió? *El 29 de abril*
¿Dónde tuvo lugar? *En Puebla.*
¿Por qué pasó lo ocurrido? *Lorena camina cada día entre 10 y 15 kilometros y es una corredora excepcional con gran resistencia física, por eso ha ganado la maratón.*

• Después de haber leído la historia, pida a sus estudiantes que la valoren. Escriba en la pizarra todas las expresiones que utilizan para ello.

2c

• En esta actividad se trabajarán las partes de una noticia. Pídales que miren el gráfico que tienen a su derecha y las dos preguntas que se realizan. Explique que aunque este esquema es el ideal, no siempre se cumple completamente. En el caso que nos ocupa, el estudiante encontrará el título (en letras rojas) y el subtítulo (en letras violeta). El lead o entradilla suele coincidir con el primer párrafo de las noticia, en nuestro caso desde “Sin ningún tipo de equipo...” hasta “... de 500 corredores de 12 países.” En esta entradilla suele resumirse la información más importante que da respuesta a las preguntas, *¿qué?, ¿quién?, ¿cuándo?, ¿dónde?, ¿cómo?* y *¿por qué?* En este caso concreto, se da respuesta a *¿qué?, ¿quién?* y *¿cómo?* Las preguntas *cuándo* y *dónde* ya se contestaron en el subtítulo. El *porqué* es más complejo y se contesta en el cuerpo de la noticia.
• A continuación le ofrecemos un esquema de la noticia que puede mostrar a sus alumnos en clase.

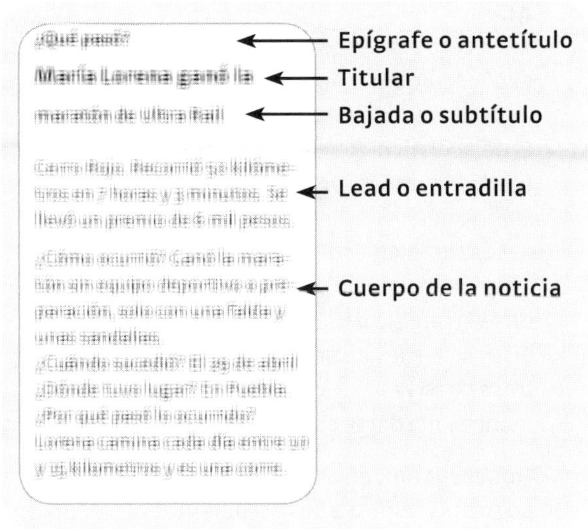

• Una vez analizado el título, subtítulo y la entradilla, puede pasar a analizar el cuerpo de la noticia donde se incluyen más datos, algunos importantes y otros secundarios. Pida a sus alumnos que marquen unos y otros según piense que son más o menos importantes. Compare después en el grupo. Puede haber diferentes opiniones al respecto.

Observación: en el caso de que el término de su hora lectiva coincida con la primera doble página de esta unidad, le recomendamos realizar el resto de las actividades del libro de ejercicios que se corresponden a esta primera parte. Estas le ayudarán a consolidar y profundizar los nuevos contenidos léxicos y comunicativos de estas dos primeras páginas

→ Ejercicios 1, 2, 3 y 6, págs. 92-94 y 96.

3 El boletín radiofónico

Objetivos
» Comprender breves noticias radiofónicas sobre contenidos conocidos para el alumno » Desarrollar estrategias para la comprensión auditiva

3a/b

6–8

• Lea con sus alumnos las secciones que aparecen en la actividad **a** y deje que mencionen el tipo de noticias que suelen encontrarse bajo este tipo de rúbricas. Escriba las palabras claves que puedan mencionar sus alumnos en la pizarra. Por ejemplo:

Economía: *desempleo, paro, bolsa, crisis, etc.*
Deportes: *fútbol, partido, etc.*
Sociedad: *sucesos, clima, turismo, etc...*

• A continuación, explíqueles que escucharán tres noticias en un programa de radio. En la primera audición tendrán que hacer una comprensión global sobre el tema, es decir, contestar solo a la pregunta sobre la sección bajo la que englobarían estas noticias. Para ello será suficiente que capten en términos generales la noticia sobre la que se informa. Después de realizar una escucha, deje que en parejas intercambien sus informaciones y se pongan de acuerdo sobre el tema. Pregunte después sobre lo que han entendido y anote en la pizarra las palabras o expresiones que han escuchado, por ejemplo, como sigue:

1. *turista, turismo, récord, crecerá,...*
2. *temperaturas, Madrid, aumento, 39 grados, verano, calor,...*
3. *adolescentes, niños, pantalla, ordenador, internet,...*

• De esta manera los alumnos construirán parte del contenido de las noticias y podrán clasificarlas según las rúbricas. La primera seguramente la clasificarán dentro de la economía, la segunda en sociedad y la tercera en sociedad, cultura o tecnología. Puede haber varias respuestas.

3c

• En la actividad **3c** los alumnos tendrán que llevar a cabo una comprensión más detallada de la audición. Antes de poner de nuevo las tres noticias. Deje que ya intenten contestar algunas de las preguntas que se les hacen. Después permita que escuchen de nuevo y completen el esquema con la información que han entendido. Adviértales de que quizás no haya una respuesta para todas las preguntas. Pídales después que intercambien la información y, en caso de ser necesario, deje que hagan una tercera escucha.

3d

• En grupos de tres, pídales que ahora resuman una de las tres noticias de forma breve. Para ello pueden servirse del modelo de lengua que se les da en la nota azul.

Ampliación: deje que sean ellos mismos quienes corrijan sus producciones. Recoja los resúmenes y repártalos en la clase. Después pida a sus estudiantes que los devuelvan a sus dueños con sus propuestas de corrección. Paséese por los grupos y atienda a las preguntas que hagan sus alumnos.

4 Un editorial periodístico

Objetivos
» Comprender textos algo más complejos, como por ejemplo, la carta del editor de un periódico » El uso de la voz pasiva y de las construcciones impersonales en textos de prensa

4a

En esta primera actividad de lectura del texto solo se les pide a los alumnos que identifiquen la intención comunicativa del editor. Pídales también que argumenten su respuesta. En este caso se trata de un editorial que denuncia la falta de previsión del gobierno ante las riadas que tuvieron lugar en Perú (el tema enlaza con la foto de la pág. 20). Esta intencionalidad del texto está clara a partir de la frase: *"En Perú hay 140 universidades. En muchas de ellas se forman ingenieros. ¿Por qué cuando uno recorre el país no observa ninguna aplicación de ingeniería?...* "

4b

- En esta segunda actividad haremos el trabajo formal del texto. En el texto aparecen en negrita una serie de formas verbales. Las cinco primeras son voces pasivas perifrásticas. Explique al alumno cómo se construyen estas frases a partir de una de las frases del texto.

Voz activa: *Las lluvias dañaron más de 100.000 viviendas.*
Voz pasiva: *Más de 100.000 viviendas fueron dañadas (por las lluvias / las inundaciones).*

- Explique a sus alumnos como en estas frases lo que causa la acción, es decir, en este caso las lluvias, pasan a un segundo plano (prácticamente desaparece), lo importante es lo que ocurrió "las viviendas de dañadas".
- Esta intención de centrarse en lo que ocurrió pero no en quién lo hizo, se puede también conseguir con otras estructuras como se explica en la caja amarilla que acompaña al ejercicio.

Se han destruido muchas casas. (No se menciona quién lo hizo)
Urbanizaron el país de forma caótica. (No interesa identificar quién lo hizo)

4c

- En esta actividad podrá poner en práctica las explicaciones sobre el uso de la voz pasiva o de la impersonalidad en contextos más formales, como es el periodístico. Deje que trabajen los ejemplos de la tabla en parejas. Después pongan en común sus soluciones.
- Lea también con sus alumnos la tabla amarilla que acompaña este último ejercicio. En él se menciona una estrategia estilística, propia del lenguaje periodístico: la eliminación del verbo *ser* o *estar* en algunas frases pasivas, para agilizar el lenguaje. Este fenómeno suele darse sobre todo en titulares de prensa.

Observación: en el caso de que necesite ejercitar un poco más remita a sus estudiantes al ejercicio **2** de **Mis recursos**, pág. 28.

→ Ejercicios 7 y 8, págs. 96-98.

Escribimos

Objetivos
» Escribir una breve noticia de prensa, aplicando las técnicas aprendidas y algunos de los recursos presentados en este bloque A de la unidad

Como actividad de escritura hemos elegido escribir una noticia. En el caso de que decidamos hacer esta actividad en clase, formaremos pequeños grupos.

a/b

Deje que en grupos se pongan de acuerdo sobre una posible noticia que quieran escribir. Antes de pasar a la actividad de escritura, tendrán que preparar la información más relevante sobre la misma. Para ello se servirán de las preguntas clave que encuentran a la derecha.

c

- Además de seguir la estructura de la noticia que ya les dimos en la página 21, no estaría mal en recordarles las técnicas de escritura que ya vimos en el prólogo de esta guía (pág. 7).
- La corrección de la noticia puede realizarla al día siguiente en clase. Recoja todas las noticias y repártalas entre sus estudiantes. Deje que ellos mismos las corrijan.

Ampliación: si tiene una clase motivada y proactiva, puede proponerles hacer un noticiero de la semana, colgando todas las noticias en la plataforma en la que trabajan y animando a sus compañeros a que las lean y seleccionen la noticia de la semana.

8B OPINAMOS

- Lea con sus alumnos los objetivos marcados en esta primera doble página **B** y deténgase en el título. Recuérdeles que este apartado **B**, al igual que el **A**, consta de dos dobles páginas y se cierra con una actividad en grupo, **NUESTRO PROYECTO**.
- En esta segunda parte de la unidad, entraremos ya en el ámbito de la opinión, que ya se inició con el tipo de texto "Editorial", y que aquí ampliaremos con las cartas al director y el debate. El tema elegido es el de "los ninis", fenómeno que se da en muchos lugares del mundo (en Europa en países como España y Gran Bretaña) sobre todo en aquellos lugares donde existe un número importante de desempleo juvenil y falta de perspectivas. El tema comenzará con una infografía sobre la situación en América Latina y se cerrará con un debate sobre las causas del fenómeno en México. Al final, en la actividad **NUESTRO PROYECTO** tendrán la oportunidad de organizar, preparar y llevar a cabo un debate en clase a partir de un tema elegido por los estudiantes.

5 Los "ninis"

Objetivos
» Comprender una infografía sobre un tema sociológico

5a

- En el caso de que sus alumnos no hayan escuchado nunca hablar de la generación "nini", puede probar con el término en inglés "neets". Quizás hayan oído hablar de él. En el caso de que no sea así, puede explicarles que el término "nini" es el término empleado en países como México para designar a jóvenes que "ni estudian, ni trabajan", de ahí "nini".

Ampliación: A partir de esta explicación pase a preguntarles qué razones piensas que les ha llevado a vivir así y cómo piensan que la situación se podría solucionar. Tome notas de lo que le vayan diciendo los estudiantes.

Problemas	*Soluciones*
No encuentra trabajo.	....
No tiene buena formación.	....
No tiene ganas.	....
Solo piensa en divertirse.	....

5b

- La infografía se basa en un estudio realizado por la CEPAL, Comisión Económica de América Latina y el Caribe, dependiente de las Organización de las Naciones Unidas (ONU), responsable de promover el desarrollo económico y social de la región y cuyas labores se concentran en el campo de la investigación económica. Pídales que hagan una primera lectura de la infografía hasta llegar a las recomendaciones y busquen en el texto quiénes son los ninis y qué situación social y laboral les define: son jóvenes entre 15 y 29 años que no estudian, ni trabajan. Muchos de ellos, además, son mujeres que viven en la ciudad y que se dedican al trabajo doméstico.
- A continuación, pídales que lean las recomendaciones que da la CEPAL y resuman con sus propias palabras en qué consiste. Deje que lo preparen en parejas y luego escriba usted en la pizarra las respuestas de sus estudiantes. Estas podrían ser así:

- Mejorar la educación para que puedan integrase mejor.
- Desarrollar una formación educativa que tenga en cuenta el contexto familiar.
- Integrar a las personas con discapacidad dentro del sistema formativo.
- Adaptar el sistema educativo a las necesidades del mercado laboral.
- Desarrollar políticas educativas o económicas que respeten las necesidades familiares.
- Desarrollar contextos educativos que respeten la cultura local.

- Una vez trabajado el texto de esta manera les resultará más fácil corregir las afirmaciones falsas que puedan encontrar en esta actividad **5b**. Falsa es la afirmación 2, ya que el estudio llega a los 29 años; también es falsa la información 3, ya que la mayoría de los ninis son mujeres urbanas; la información 4 no se menciona, pero se deduce que el grupo con mayores problemas es el femenino, que se dedica al trabajo doméstico.

5c

Si no tiene tiempo suficiente en clase, puede proponer esta actividad para casa dado que los alumnos necesitarán algo de tiempo para encontrar las respuestas, que podrían ser estas: 1. Tener un trabajo = estar empleado; tener un trabajo pagado = tener un trabajo remunerado; las tareas del hogar = tareas domésticas; acercar las relaciones = estrechar los vínculos; integración = inclusión.

5d

Deje 5 minutos para que en pequeños grupos discutan sobre cuáles de las medidas les parecen más efectivas. Después se pueden poner los resultados en común en clase.

→ Ejercicio 9, pág. 98.

6 Una carta al director

Objetivos

» Comprender e identificar los motivos y argumentos de una carta dirigida al director de un periódico

6a/b

- Contextualice la carta: Juan Pérez, un padre mexicano, ha escrito una carta algo polémica planteando las diferencias entre los "neets" británicos y los "ninis" mexicanos. Pida a sus alumnos que identifiquen cuáles son las características de los "ninis" mexicanos. Seguramente sus alumnos marcarán en el texto expresiones como: es una decisión personal y prefieren ganar dinero fácil y rápido.
- En el texto también se nombran algunos problemas con los que se enfrentan los jóvenes, pida a sus estudiantes que los identifiquen. Reúna las respuestas de sus alumnos en la pizarra, algunas de ellas podrían ser: la falta de alternativas de formación en el país, el único objetivo es ganar dinero y llegar a ser rico.
- Deje que en parejas discutan sobre si existen estas situaciones en su entorno y que argumenten sus respuestas. Seguramente en su clase tiene estudiantes procedentes de diferentes lugares que pueden aportar experiencias diferentes.

6c/d

En el texto hemos marcado los conectores contraargumentativos. Algunos de ellos seguramente ya son conocidos por sus alumnos, pídales que en parejas traten de buscar un equivalente en su lengua. Después ponga los resultados en común. En la actividad **6d** tiene la oportunidad de consolidar, mediante una actividad de práctica, el uso de estos conectores. Puede proponer que resuelvan la actividad en pequeños grupos y luego presentar sus resultados en el pleno.

Observación: si tiene tiempo y lo considera pertinente, puede dirigir a sus alumnos hacia el apartado **Mis recursos**, pág. 29, ejercicio **3**.

→ Ejercicios 10-13, pág. 99-102.

7 Un debate

Objetivos

» Seguir un debate sobre un tema previamente conocido » Reconocer los recursos conversacionales de un debate

7a/b

9

- El alumno escuchará 2 o 3 veces la audición. La primera vez solo tendrá que hacer una audición de tipo global, para ello pídales que lean los temas que aparecen en el libro. Después de escuchar pida que comparen con un/a compañero/-a sus respuestas. Anímeles a que compartan toda la información que hayan entendido.
- En la segunda audición (**7b**) tendrán que prestar más atención. Pídales en primer lugar que lean las 3 frases que aparecen en el libro y piensen si hay alguna que ya pueden contestar antes de realizar la segunda audición. Ponga a continuación el texto auditivo. Una vez que hayan escuchado, pídales nuevamente que con su compañero/-a comparen sus resultados.

7c

En esta actividad pasaremos a trabajar algunos recursos comunicativos del debate a partir de algunas de las intervenciones que acaban de escuchar. Pídales que las lean y las relacionen con la intención comunicativa. Después en parejas comparen sus resultados a la vez que argumentan en qué se han basado para llegar a esa conclusión. Comente después los resultados en el pleno de la clase.

7d

9

En esta nueva actividad volverán a escuchar de nuevo el texto audio. El objetivo será centrarse en los recursos necesarios para interaccionar en un debate. Como los estudiantes ya han escuchado el texto dos veces, le proponemos que esta vez también lo lean (páginas 177-178 del libro). También puede fotocopiarlo y repartirlo en clase para que sea más cómodo el trabajo. Pida a sus alumnos que a la vez que escuchan y leen vayan marcando aquellas expresiones que sirven para interaccionar (pedir la palabra, interrumpir, ceder el turno o reanudar una intervención). Una vez identificadas podrán clasificarlas en la caja amarilla que encuentran junto al ejercicio, en la página 26.

Observación: Si necesita reforzar este contenido, puede dirigir a sus alumnos al apartado **Mis recursos**, actividad **4** de la página 29.

→ Ejercicio 14, pág. 102.

NUESTRO PROYECTO

Objetivos
» Preparar un debate en torno a un tema elegido
» Llevar a cabo un debate en clase

a

Intente que los grupos sean como mínimo de 5 personas y deje tiempo a sus estudiantes para elegir un tema. Ideal sería que ya lo hubieran hecho en la clase anterior, de tal manera que ya contaran con material e información para realizarlo. De no ser así, puede sugerirles que utilicen sus móviles para buscar la información en Internet o también llevar usted material a sus clases que les ayude a preparar el tema. Recuérdeles de que en un debate es importante que haya dos tesis contrarias, por esa razón tendrán que elaborar a partir de esas dos tesis una serie de argumentos para apoyarlas y convencer al oponente. Haga un esquema en la pizarra para que sea más claro:

La piratería de software es un delito.	*La piratería de software no es un delito.*
Argumentos que lo apoyan: *1.* *2.* *3.*	*Argumentos que lo apoyan:* *1.* *2.* *3.*

b/c

- Una vez tengan claro qué quieren debatir y cuáles son sus tesis, pídales que repartan los papeles: necesitarán un grupo a favor, otro en contra y un moderador que se ocupará de organizar los turnos de palabras.
- Pídales que vuelvan al esquema de la pizarra y dependiendo del grupo (a favor o en contra), preparen con sus compañeros los argumentos que quieren exponer. Déjeles de 5 a 10 minutos para que se preparen.
- En la parte inferior de la página encontrarán una serie de recursos que les ayudarán a organizar el debate, anímeles a incorporarlos siempre que sea posible. Por ejemplo, pueden hacerse una serie de fichas en las que se apunten algunos de ellos para incorporarlos en el debate cada vez que sea necesario. De esta manera no tendrán que mirar el libro.

d/e/f

- El debate comienza. Recuerde al moderador que él tiene que introducir el debate, pero también regular los turnos de palabras o "alimentar" el debate si este decae. Siga las instrucciones tal y como las encuentra en el libro.
- Igualmente sería conveniente de que avisara a los estudiantes que asisten al debate que tendrán que tomar notas porque luego deberán votar el mejor debate. En el que elegirán no solo al grupo que mejor ha defendido su postura, sino también aquel grupo que mejor ha utilizado los recursos de un debate.

→ Ejercicio 15, pág. 102.

MIS RECURSOS

Usted puede optar por realizar estas actividades en clase, en el lugar recomendado en esta guía, es decir, a continuación de la actividad en la que se trató el tema, o dejarlas como trabajo autónomo fuera del aula. Dependerá de las necesidades de su alumnado, pero también del tiempo que disponga.

CULTURA

Objetivos
» Reflexionar sobre los medios de información y en concreto, sobre el papel del periodismo » La crónica como género periodístico

a/b

- Deles unos minutos a sus alumnos para reflexionar sobre el valor de la ética profesional y hacer una lista de profesiones en las que esta es imprescindible y cómo se podría medir, es decir, qué comportamientos serían éticos. Después recoja sus argumentos en la pizarra.
- En la actividad **b** tendrán que hacer un ranking de las cualidades del periodismo ético. Sería interesante que vieran si son las mismas que en otras profesiones.

c/d

Deles un par de minutos para leer el texto y contestar la pregunta que plantea la actividad y después que en **c** decidan qué razones pudo tener García Márquez para falsear la noticia. Seguramente le responderán que la 2 y la 3.

e/f

10

Antes de comenzar a escuchar, sitúe a sus estudiantes en el contexto de la audición: una alumna y un profesor hablan sobre un posible trabajo de tesis en torno a García Márquez. En la audición hablarán en concreto sobre el tema periodismo y literatura. En la primera audición tendrán solo que centrarse en si las tesis que eligieron en **d** son las mismas que el profesor de literatura expone. Mientras que en **f** tendrán que detenerse de forma más concreta en los términos literarios y en cómo se definen.

g

Anímeles a buscar ejemplos en su país.

→ Ejercicio 16, pág. 103.

Nuevos horizontes laborales

PORTADA

Objetivos
» Presentar los objetivos comunicativos de la unidad y el proyecto que se realizará al final de la misma » Introducir el tema de la unidad y léxico a partir de imágenes » Hablar de las repercusiones de la automatización en el mundo laboral: pros y contras

Antes de comenzar con las actividades de esta página, dirija la atención de sus estudiantes hacia el título "Nuevos horizontes laborales" y deje que hagan una lluvia de ideas: *¿qué les sugiere el título?, ¿de qué va a tratar la unidad?* Lea después con ellos los objetivos de aprendizaje que se presentan, así como las tareas que realizarán en la unidad.

a

- Dirija a sus alumnos hacia las fotos, y pídales que en pequeños grupos describan lo que ven. Escriba algunas preguntas en la pizarra para ayudarles a organizar sus interacciones orales.

¿Dónde tienen lugar las fotos?
¿Hay personas?
¿Qué hacen?
¿Están contentas las personas?
¿Qué hace el robot?
¿Para qué sirve? ¿Es útil?

- Lea también con ellos el diálogo modelo con el que podrán cubrir parte de su interacción oral. Tenga en cuenta que estos minidiálogos, que a veces presentamos en las actividades, tienen el objetivo de proporcionarles pequeñas ayudas para que a partir de ellas puedan construir sus propias interacciones, además de servir para retomar estructuras ya vistas como sucede aquí: *es posible que sirva para..., tal vez sirve para..., no creo que sea...,* etc.

b

En esta actividad se presentan tres opiniones sobre la robotización. En las dos primeras se presenta la robotización como algo positivo, en la última como algo negativo. Esta polarización se ha hecho de forma intencionada para fomentar el intercambio de opiniones.

- Deje que los alumnos lean las tres opiniones y marquen aquellas con las que están de acuerdo, parcialmente de acuerdo o totalmente de acuerdo. Asegúrese de que entiendan el contenido y resuelva las posibles dudas que vayan surgiendo paseándose por el aula. Después pídales que discutan con sus compañeros siguiendo el modelo de lengua que se les da.

→ Ejercicio 1, pág. 104.

9A PERSPECTIVAS LABORALES

Antes de pasar a la primera actividad de esta parte de la unidad, deténgase en los objetivos que se marcan en estas cuatro primeras páginas y en el título de este apartado **A.** A continuación puede resumir brevemente el contenido que se trabajará en esta parte **A**: comprender textos que tratan sobre la industria 4.0 y los cambios que esta producirá, comprender una entrevista sobre el tema, ser capaz de escribir un texto de tipo expositivo sobre el tema de la unidad, cuestionar información y valorar en un contexto hipotético.

1 La industria 4.0

Objetivos
» Comprender léxico específico sobre la Industria 4.0
» Cuestionar informaciones

1a

- Realice la actividad **a** como se indica en el libro. En pequeños grupos, sus alumnos leen los conceptos que aparecen y deciden cuáles de ellos guardan relación con la industria 4.0, también llamada Cuarta Revolución Industrial. Paséese por los grupos y solvente las dudas de vocabulario que puedan aparecer. Una vez realizada la actividad, pasaremos a la lectura del texto.

Observación: antes de pasar a la lectura del texto y para asentar y ampliar vocabulario, puede dirigir a sus alumnos a la actividad **1** de la página **Mis recursos** (pág. 40).

1b

- Este texto resume los resultados de un informe encargado por la Australian Computer Society (ACS). En este informe se examina el futuro del mercado laboral y, en concreto, se describen aquellas profesiones o trabajos que serán los más demandados en el futuro. Antes de comenzar deje que los alumnos lean las seis profesiones que aparecen y asegúrese de que entienden los conceptos de forma general. No se preocupe si no encuentra una explicación exhaustiva sobre las mismas, o un equivalente en la lengua del alumno, leyendo los textos entenderán la labor de estas personas.
- A continuación pídales que de forma individual intenten relacionar los perfiles con los nombres de las profesiones buscando las palabras claves que les ayuden en la tarea. Por ejemplo, en la profesión **e** se habla de salud, y en el perfil **6** se habla de enfermedades, dietas y de salud mental.

Ampliación: Como este texto es rico en unidades léxicas, sobre todo en lo que se refiere a tareas y actividades ligadas a las profesiones, puede pedir a los alumnos que rastreen los textos y marquen el léxico que les parece útil.

1c

- A continuación deles a sus alumnos un par de minutos para que hagan anotaciones y luego anímeles a que en parejas intercambien sus opiniones sobre el tema. Para ello lea primero el modelo de lengua que se les ofrece y diríjales a la tabla amarilla donde encontrarán otras fórmulas para reaccionar ante la opinión del/de la compañero/-a.

Observación: si dispone de tiempo y quiere aportarle un plus a la actividad, dirija a sus alumnos a la actividad **2** de la página **Mis recursos** (pág. 40).

Ampliación: propóngales que cambien de pareja tantas veces como sea necesario hasta encontrar a alguien con su misma opinión. De esta manera tendrán oportunidad de practicar estos nuevos recursos lingüísticos y darán un objetivo extralingüístico claro a la actividad: encontrar a alguien que piense lo mismo, en ese caso la persona contestará “coincido con tu opinión”.

1d

Si realizaron la ampliación que les proponíamos en la actividad **1b**, la actividad **1d** les resultará fácil.

→ Ejercicio 2, pág. 105.

2 Profesiones en peligro de extinción

Objetivos

›› Comprender breves declaraciones de prensa sobre un tema previamente conocido

2a

11

Alternativa: omience directamente con la comprensión auditiva. Explique a sus estudiantes el contexto en el que se sitúa la conversación que van a escuchar: un experto en Industria 4.0 y una periodista conversan sobre el futuro laboral. Dígales que en esta primera audición solo tendrán que realizar una comprensión de tipo global. Para dirigirles bien, puede poner en la pizarra las preguntas en las que quiere que se fijen:

¿El experto es optimista o pesimista respecto a los avances de la Industria 4.0?
¿De qué temas hablan?

- Después de haber realizado esta primera audición, proceda como en otras ocasiones. Deje que en parejas los alumnos se intercambien las informaciones que han comprendido.
- Vaya ahora al ejercicio **2a**, lea con ellos las profesiones que aparecen y deje que contesten a la pregunta según su opinión. Para realizar la interacción, que proponemos se haga en parejas, les damos una posible muestra de lengua. Escríbala en la pizarra y dirija la atención de los alumnos hacia cómo el hablante valora un hecho: *Sería una pena que desaparecieran los carteros.* Explique porque se hace uso de un *imperfecto de subjuntivo* tras la matriz valorativa. En este caso se trata de una valoración hipotética de un hecho que todavía no ha tenido lugar (*que desaparecieran...*). Esta explicación aparece en la tabla de la derecha.

■ *Pienso que la profesión de cartero ya no existirá porque...*
● *¿De verdad? Sería una pena que desaparecieran porque...*

- Después vuelva a poner la audición y añada en la pizarra la siguiente pregunta:

Qué profesiones o ámbitos profesionales piensa el experto que desaparecerán o serán sustituidos por la robótica?

• Deje que los alumnos comparen lo que dice el experto con lo que ellos han pensado. Anímeles a que trabajen en parejas. En concreto el experto señala como profesiones en peligro aquellas menos intelectuales, como por ejemplo, la de chófer, cajero, agente turístico o cartero. Tenga en cuenta que no las enuncia por su nombre sino que las define por sus tareas.
• Pregunte a sus alumnos si consideran necesario volver a escuchar el texto. Con esta tercera y última audición estarían además preparados para realizar la parte **2b** de la actividad.

11

2b

• Si decide volver a escuchar la audición, lea con ellos previamente los enunciados y deje que discutan si estos se mencionan o no. En concreto, se mencionan los dos primeros de forma explícita y el tercero no se menciona.
• Una vez realizado este trabajo de contenido, prestaremos atención a la forma. Pídales que se fijen en el tiempo verbal marcado en negrita y pregúnteles si recuerdan por qué aquí el hablante ha utilizado un *presente de subjuntivo*. Si no recuerdan la explicación que ya vieron durante el **nivel B1** (oraciones temporales con *cuando*, **Unidad 3**), puede darles pistas. Pregúnteles cuándo tendrán lugar estos hechos. La respuesta es en el futuro, es decir, los hechos todavía no han sucedido y por eso en la subordinada temporal aparece el modo subjuntivo. Remítales a la tabla de la derecha y pídales que intenten completarla. Después en parejas comparan sus respuestas.

Observación: si ve que para sus alumnos esta explicación no es suficiente, puede remitirles a la página 165 donde se explica de forma más detallada el funcionamiento de estas oraciones temporales.

2c

En esta actividad tendrán ocasión de poner en práctica este aspecto gramatical. Deje que la realicen de forma individual y luego pongan los resultados en común en la clase.

→ Ejercicios 5 y 6, pág.107.

3 Planes personales

Objetivos
» Hablar del futuro

3a/b

En esta actividad el alumno tendrá la oportunidad de transferir lo que acaba de aprender en **2b** y **2c** a su experiencia personal.

→ Ejercicios 3 y 4, págs. 105 -106.

4 Ser o no ser un/a knowmad

Objetivos
» Comprender un texto expositivo y analizar su estructura

4a/b/c

• Antes de pasar a la lectura del texto, analizaremos primero con nuestros alumnos el concepto *Knowmad*, un anglicismo utilizado en la economía, que combina las palabras *know* (conocer, saber) y *nomad* (nómada). Este término fue creado para referirse al trabajador "ideal" del siglo XXI, que se caracterizaría por ser innovador, imaginativo, creativo, capaz de trabajar en colaboración con cualquier persona, en cualquier lugar y momento. Este concepto guarda relación con lo que se ha dado en llamar el "aprendizaje invisible".
• Una vez contextualizado el concepto de *knowmad*, puede pasar al dibujo y a las características que definen a los nómadas del conocimiento. Deje que sus alumnos realicen el ejercicio tal y como se propone.
• Pase a continuación a la lectura del texto. Para ello apunte en la pizarra la pregunta que se plantea en la actividad. Para realizar la actividad de comprensión lectora puede proponer a sus alumnos que marquen con colores diferentes las respuestas a estas preguntas. Proponga que después las comparen entre sí. Al final recoja en el pleno los resultados y ayúdeles a reformular las respuestas. El esquema en la pizarra podría quedar así:

¿Cómo trabaja un knowmad?	***¿Qué lo diferencia del trabajador clásico?***
Trabaja por proyectos. *Cambia de trabajo y de proyecto.* *Se mueven geográficamente.*	*Quiere un trabajo indefinido.* *Pasa toda la vida en la misma empresa.*

- A continuación pase a la actividad **4c** y añada en la pizarra las otras dos preguntas. Deje que discutan las preguntas en grupos y tomen notas. Después ponen en común sus conclusiones en el pleno de la clase.

¿Qué ventajas tiene esta forma de trabajar?	*¿Y qué desventajas?*

4d

- En esta actividad nos vamos a centrar en el análisis de este tipo de texto. Para ello lea con sus alumnos el contenido de la caja "Texto expositivo" y resuma en la pizarra la información más importante, en este caso las partes de las que consta un texto expositivo.

introducción	*presenta y define el tema*
desarrollo	*contenidos importantes, citas, referencias*
cierre	*conclusiones*

- Una vez completado el esquema, pida a los alumnos que busquen en el texto, dónde comienzan y terminan estas partes. Explíqueles previamente que se eliminó la estructuración por párrafos con la intención de que sean ellos mismos los que encuentren la estructura. Déjeles un par de minutos y después recoja los resultados en la pizarra. La estructura sería:

introducción	*"Entre los perfiles… y nomad (nómadas)."*
desarrollo	*"Como indica… (impartiendo conferencias, por ejemplo).*
cierre	*"En un futuro no muy lejano… propia empresa."*

- Una vez encontrada la estructura, vaya a la caja donde se recogen los marcadores discursivos y pídales que los busquen en el texto. Deje que con sus compañeros piensen en cómo dirían lo mismo en su propia lengua.

Observación: si quiere reforzar este contenido inmediatamente después, puede dirigirles a la página **Mis recursos** (pág. 41), ejercicio **4**.

→ Ejercicios 7 y 8 pág. 108.

5 Trucos para tener éxito

Objetivos
» Evocar situaciones imaginarias en el futuro o en el pasado utilizando el imperfecto de subjuntivo

5a/b

- En estas dos primeras partes de la actividad **5**, presentaremos el input necesario para luego trabajar con las oraciones condicionales.
- Proceda a realizar la actividad **5a** tal y como se propone en el libro. Deje que para ello trabajen en pequeños grupos.
- Pase ahora a la actividad **5b** y deje que en grupos lean los trucos de 5 personas emprendedoras. Paséese por el grupo y asegúrese de que entienden todo. Puede realizar la actividad tal y como se propone en el libro. Para trabajar el vocabulario puede pedirles, por ejemplo, que clasifiquen los trucos entre aquellos que le parecen más idealistas y aquellos que les parecen más pragmáticos.

5c

- En la actividad **5c** se presentan tres reacciones a los trucos anteriores. Pida que las relacionen con el truco correspondiente y que escriban su nombre.
- Esta es una actividad de atención a la forma. Aquí los alumnos verán por primera vez el uso de las oraciones condicionales para evocar situaciones imaginarias en el presente, futuro y pasado. Escriba las frases 1 y 2 en la pizarra y marque las formas verbales. Explique cómo se construyen estas frases. Para ello puede remitirles también a la página 166 del libro donde se explica de forma más detallada la diferencia entre usar el *condicional simple* o *compuesto*. Deje que lean de forma individual la explicación y luego pida a alguien que salga a la pizarra y explique el uso de los *condicionales* en las dos frases del ejercicio.

Si yo fuera Arianna Huffington, también habría creado espacios de descanso.
Si yo fuera Steve Jobs, haría también regularmente deporte.

Observación: para reforzar este contenido puede hacer ahora la actividad **3**, del apartado **Mis recursos** en el página 40.

5d
En esta actividad tendrán la posibilidad de transferir este nuevo contenido. Déjeles un par de minutos para prepararse.

→ Ejercicios 10-13, págs. 110 -111.

Observación: para preparar la actividad de escritura que viene a continuación, puede pedir a sus alumnos que previamente realicen la actividad **9**, págs. 109-110.

Escribimos

Objetivos
»Escribir un texto expositivo sobre un tema conocido.

a/b
En el caso de no contar con el tiempo necesario para realizar esta actividad en clase, puede proponerles que la hagan en casa. Lea con ellos previamente los pasos de la actividad y resuelva las dudas que puedan aparecer. Revise especialmente los organizadores textuales que aparecen a la derecha. Por supuesto no tendrán que utilizarlos todos. Una explicación más exhaustiva del uso de los mismos la encuentra en las páginas 166-167, donde, además de enumerar los más importantes, se informa de su función dentro del texto. Anímeles a usar la tabla.

→ Ejercicio 9, pág. 109.

9B UN TRABAJO CON SENTIDO

- Lea con sus alumnos los objetivos marcados en esta primera doble página **B**. Recuérdeles que este apartado **B**, al igual que el **A**, consta de dos dobles páginas y se cierra con una actividad en grupo, **NUESTRO PROYECTO**.
- En esta segunda parte de la unidad, trataremos otros géneros textuales como son las estadísticas, una carta solicitando trabajo y una entrevista laboral. Al final, en la actividad **NUESTRO PROYECTO,** los alumnos prepararán una entrevista de trabajo y la representarán en clase.

6 Interpretamos un gráfico

Objetivos
» Interpretar un gráfico de tipo estadístico.

6a
- Antes de empezar a contestar las preguntas, pídales que se fijen en el gráfico y el contenido que presenta. Después pídales que contesten las dos primeras preguntas. Para contestarlas tendrán que fijarse en el título y en la columna de la derecha.
- Tras contestar las primeras dos preguntas y antes de pasar a la tercera, sería conveniente que explicara el sistema educativo español para que comprendan mejor la estadística.

La educación primaria *es obligatoria y comprende seis cursos, desde los 6 a los 12 años aproximadamente. La finalidad de este nivel educativo será proporcionar a todos los niños una educación común que haga posible la adquisición de los elementos básicos culturales, los aprendizajes relativos a la expresión oral, a la lectura, a la escritura y al cálculo aritmético, así como una progresiva autonomía de acción en su medio.*

La educación secundaria obligatoria *(ESO), consta de cuatro cursos y abarca entre los 12 y los 16 años aproximadamente. Con un primer ciclo de tres años y un segundo ciclo de 1 año. Al acabar la ESO el alumno (si aprueba) tiene diferentes opciones:*
1. Cursar los ciclos formativos de grado medio.
2. Acceder al Bachillerato. 3. Incorporarse al mundo del trabajo (ha cumplido la edad mínima para acceder), es lo que se llama ***la educación secundaria post-obligatoria*** *y que alude a cuatro enseñanzas independientes entre ellas. Esta etapa tiene una duración de dos años : el bachillerato (dos cursos), la formación profesional de grado medio, las enseñanzas profesionales de artes plásticas y diseño de grado medio y las enseñanzas deportivas de grado medio. Si no ha obtenido el título de ESO, puede incorporarse a un "Programa de cualificación profesional".*

La educación superior *comprende: la enseñanza universitaria, las enseñanzas artísticas superiores, la formación profesional de grado superior, las enseñanzas profesionales de artes plásticas y diseño de grado superior y las enseñanzas deportivas de grado superior. Las enseñanzas de régimen especial son la de idiomas, las artísticas y las deportivas.*

• Después de haber explicado el sistema formativo, deténgase de nuevo en cómo la estadística lo interpreta. Los niveles formativos sirven para definir mejor la situación educativa en la que se encuentran los desempleados. Le llamará la atención que en el grupo se incluyan los grupos de analfabetos, de primarios incompletos o personas que todavía tengan la educación obligatoria sin completar (ESO). Puede explicarles a los alumnos, que en los dos primeros casos, son personas que no han seguido este sistema educativo, o bien porque pertenecen a un grupo de edad avanzada y por tanto siguieron un sistema educativo anterior (que preveía la educación obligatoria hasta los 14 años), o porque proceden de otros lugares del mundo donde la educación no ha sido obligatoria. En la actualidad el sistema español es obligatorio hasta los 16 años, cuando se puede obtener el título de ESO. En el caso de no conseguirlo, los alumnos tienen la opción de acceder a un programa especial para cualificarse profesionalmente. Explíqueles también que bajo Educación superior, se han incluido los jóvenes entre 16 y 19 años, es decir, los que en principio podrían realizar la formación secundaria post-obligatoria, que los capacita para ingresar más tarde en la Universidad o en Enseñanzas de Grado Superior.

• Después pase a la tercera pregunta y pídales que se fijen en la información numérica. Tendrán que buscar cuál es el grupo en el que, por edad, la tasa de parados es mayor. El grupo más afectado son los que se encuentran entre los 16 y los 19 años. El segundo grupo es el de las personas entre los 20 y 24 años. Es decir, los jóvenes.

6b

• Después de haber realizado todas las explicaciones pertinentes les resultará más fácil comprender el texto que acompaña a la estadística. Para realizar la actividad tendrán que leer con cierta atención y encontrar aquellas informaciones que no son exactamente igual a la estadística y señalar la información nueva.

• Si no tiene tiempo de realizar la lectura de este texto en clase, también puede pedirles que resuelvan la actividad en casa. En el caso de optar por realizarla en clase, déjeles 2 minutos para leer el texto y resuelva después las dudas de comprensión que puedan surgir. Luego puede pedirles que en parejas contesten las preguntas que se les piden.

Ampliación: este texto es muy rico en léxico del campo estadístico, aproveche para hacer un trabajo del mismo. Proponga a los alumnos que marquen las palabras que ellos consideran que son útiles para describir o analizar estadísticas y que las agrupen según sean sustantivos, verbos u otros tipos de combinaciones léxicas. Por ejemplo así:

Sustantivos	***verbos***	***Otras combinaciones léxicas***
tabla porcentaje jóvenes desempleados nivel de formación variables ...	*mostrar tener en cuenta detectar suponer registrar ......*	*Según En relación con Casi Por debajo de*

Observación: si quiere reforzar el trabajo de léxico, puede dirigir a sus alumnos a la página de **Mis recursos**, pág. 41, ejercicio **5**.

6c

La actividad consta de dos partes. En la primera tendrán que comentar la estadística mientras que en la segunda, tendrán que buscar una estadística sobre su país para analizarla y compararla. Seguramente que para esta segunda parte de la actividad necesitarán más tiempo, por ello les aconsejamos que la dejen para casa.

→ Ejercicio 14, pág. 112.

7 La caravana del agua

Objetivos

» Comprender un texto audiovisual sobre un proyecto social » Comprender una entrevista a las personas que crearon el proyecto » Expresar finalidad y causa

7a

• En esta primera actividad los alumnos conocerán un proyecto social real para el que tendrán que mirar unos vídeos y contestar algunas preguntas. En el caso de no poder trabajar con el vídeo, deles previamente el enlace para que lo hagan en su casa. Este lo encuentra aquí en la plataforma youtube: https://youtu.be/IJjOm-JpLJo. El proyecto es conocido bajo el nombre *La caravana del agua* o *THE WATER VAN PROJECT*. También existe una página web sobre el mismo http://www.thewatervanproject.org/, que podría ser muy interesante que conocieran los alumnos, ya que incluyen más vídeos.

- Antes de empezar con la visualización, pregunte a los alumnos que les sugiere el nombre del proyecto y la imagen que aparece en la actividad del libro. Para ello puede dibujar en la pizarra un mapa mental que irá completando con las aportaciones de los alumnos. Puede dirigir un poco las preguntas, por ejemplo: *¿Por qué el proyecto se llama así?, ¿qué ocurre con el agua?, ¿para qué se necesita una caravana?, ¿qué tipo de proyecto es?* o *¿qué se hace?* En el caso de que tengan dificultades para expresar lo que quieren decir, ayúdeles traduciendo al español sus palabras o buscando otra forma de expresarlo. Con esta actividad previa adelantará parte de los contenidos del vídeo.

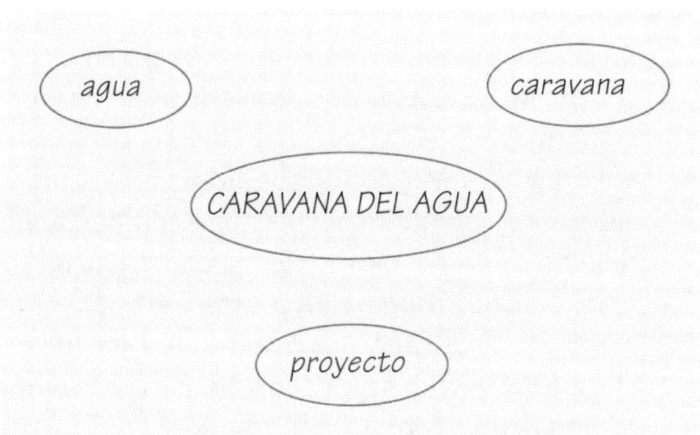

- Después pase a leer con sus alumnos las tres primeras preguntas de la actividad y asegúrese de que las entienden. Pase luego a visionar el vídeo, o dígales que si tienen una tableta o móvil, en pequeños grupos lo visionen y contesten las preguntas. Comparen las respuestas en el pleno.
- Después contestan la pregunta número cuatro.

7b/c

- En esta actividad tendrán que realizar una comprensión auditiva en la que los tres jóvenes cuentan lo que les llevó a crear este proyecto. Proceda como en otras ocasiones, es decir, deje que hagan una primera comprensión de la entrevista en la que simplemente se acostumbren a las nuevas voces e intenten saber sobre qué temas hablan sin dar todavía detalles. Después pídales que intercambien lo que han entendido con un/a compañero/-a.
- En la segunda audición tendrán que intentar una escucha más detallada de la conversación. Para ello lea la actividad **7b** con los alumnos y asegúrese de que entienden la pregunta. Una vez que hayan escuchado, puede pedirles que de nuevo comparen en parejas lo que han entendido. En el caso de que lo necesiten, puede poner el texto audio una vez más y así permitir que comprueben la información que ahora tienen.
- En la actividad **7c** tendrán que seleccionar las razones que les llevaron a embarcarse en esta aventura y dejar sus respectivos trabajos. Lea con ellos las frases para asegurarse que las entienden. Si no han realizado una tercera audición, puede ser que quieran hacerlo ahora para comprobar sus respuestas.

7d

- Esta es una actividad de atención a la forma. Después de habernos concentrado en el contenido, pasaremos a analizar las frases de la actividad **7c**. A los alumnos no les resultará difícil distinguir entre las oraciones causales y finales, dado que algunos de estos conectores ya los han visto de forma explícita y otros han ido apareciendo en textos de lectura. Deje que primero de forma individual resuelvan esta actividad, y luego pase a la puesta en común. Recoja en la pizarra lo que le vayan diciendo y pídales también, que se fijen en cómo se construyen esas frases.

Causa	*Finalidad*
Por + sustantivo *Ya que + indicativo* *Debido a + sustantivo*	*Con el fin de + subj.* *Para que + subj.* *Para + infinitivo*

Observación: El tema de las oraciones causales vuelve a retomarse en la **Unidad 11**. En la página 172 del apéndice gramatical encontrará una sistematización más completa de las oraciones causales.

7e

En esta actividad tendrán ocasión de trasferir estos nuevos contenidos a su propia experiencia. Proponga un trabajo en pequeños grupos: primero de forma individual preparan sus intervenciones y después realizarán el intercambio. Puede animarles a que graben con el móvil sus intervenciones.

→ Ejercicio 15, pág. 112.

8 Me dirijo a ustedes para...

Objetivos
» Comprender una carta de presentación para solicitar un puesto de trabajo

8a

- Antes de comenzar a leer la carta, pida a sus alumnos que discutan sobre las cualidades y el perfil que podría tener una persona interesada en colaborar en el proyecto *La caravana del agua*. Escriba en la pizarra un esquema como el que sigue para que les sirva de apoyo en la discusión. Luego ponga los resultados en común.

estudios	*experiencias*	*cualidades*

- Pase a la lectura del texto y pídales que busquen información sobre estos tres temas con la intención de averiguar si Sandra tiene un buen perfil para trabajar en el proyecto. Deje que en pequeños grupos discutan sobre ello.

8b

- Pase ahora a la actividad **8b**. Aquí volvemos a centrarnos en el contenido del texto, pero ahora con el objetivo de analizar la estructura de la carta. Para ello escriba en la pizarra el esquema que aparecen en la página 38 y deles un par de minutos para hacer sus anotaciones. En el esquema se habla de tres párrafos: el primero abarcaría desde *Me pongo en contacto...* hasta *... enviarles mi solicitud*, el segundo desde *Me llamo Sandra Baute...* hasta *... serían de un gran enriquecimiento para su proyecto* y el tercero desde *Me considero una persona...* hasta *... y ahora creo que es el momento adecuado*. Explique esta estructura a los alumnos, ya que en el libro no hay suficiente espacio entre los párrafos.

Una vez que hayan analizado el texto de esta manera, ponga el resultado en común en el pleno de la clase. Para ello pida a un alumno que salga a la pizarra y vaya tomando notas de lo que dicen sus compañeros/-as.

Primer párrafo	*Por qué los conoce y porque sabe que buscan voluntarios.*
Segundo párrafo	*Se presenta (nombre, estudios y experiencia).*
Tercer párrafo	*Explica su carácter y por qué piensa que es la persona ideal para este trabajo.*

→ Ejercicios 16, 18 y 19, págs. 113-114.

9 Comunicación no verbal en una entrevista de trabajo

- En esta última parte de la unidad trabajaremos la entrevista de trabajo como situación comunicativa. En esta actividad, en concreto, trabajaremos como contenido la gestualidad asociada a la entrevista de trabajo.
- Comience leyendo con sus alumnos el título y el subtítulo, y pregunte qué gestos o comportamientos pueden ser importantes en una entrevista de trabajo. Deje que primero discutan en grupos y luego expongan en el pleno los resultados a los que han llegado. Si ve que necesitan impulsos para empezar a hablar entre ellos, también puede sugerirles que piensen en las diferentes partes del cuerpo: la mirada, las manos, los brazos, las piernas, la espalda; o en el modo de estar, por ejemplo, de sentarse. Recoja de nuevo en la pizarra lo que le vayan comentando. Ayúdeles a reformular sus ideas.
- Una vez que hayan hecho la lluvia de ideas, deje que lean los textos de forma individual y marquen aquellos aspectos que no coinciden con lo que ellos habían pensado. Seguramente que no son muchos.
- De nuevo en grupos, pídales que hagan una lista con otras recomendaciones que ellos harían para solventar una lista de trabajo.

Ampliación: Si tiene tiempo puede hacer un breve trabajo de léxico. Pida a sus alumnos que busquen en los textos acciones asociadas con las diferentes partes del cuerpo que se nombran. El resultado podría ser este:

mirada → mirar
manos → gesticular, saludar, apretón (apretar)
cabeza → inclinar
piernas → sentarse
espalda → mantener una postura no rígida

10 La entrevista de trabajo

10a

Realice la actividad en pequeños grupos. Deje que lean las preguntas y se entrevisten mutuamente. Paséese por la clase y resuelva las dudas que se vayan planteando. Después en el pleno discutan las preguntas: cuáles son fáciles de responder y cuáles son más difíciles.

10b

13

- Proceda como en otras ocasiones, ponga el texto auditivo una vez, deje que sus alumnos se acostumbren a las voces y hagan una comprensión global. Por ejemplo, les puede preguntar qué temas han hablado, cuáles han entendido. Después deje que en parejas intercambien la información que hayan comprendido.
- Ponga el texto auditivo otra vez y ahora pida que resuelvan lo que anuncia la actividad **10b**, es decir, que marquen cómo cree que a Sandra le ha salido la entrevista. Para ello lea primero las valoraciones que aparecen en la actividad.
- Después de haber escuchado y marcado la respuesta que les parece más adecuada, pídales que hablen con su compañero/-a y argumenten por qué piensan que ha sido así.

10c

13

Antes de escuchar de nuevo, pida a sus alumnos que lean la actividad e intenten contestar a alguna de las preguntas que se plantean. Después ponga el texto auditivo y deje que completen la información de la que ya disponen.

→ Ejercicio 20, pág. 115.

NUESTRO PROYECTO

» Preparar una entrevista de trabajo y simularla en clase

a/b

- Le aconsejamos realizar la actividad en grupos de tres ya que después será más fácil repartir los diferentes roles.
- Tras elegir uno de los siguientes puestos de trabajo, pídales que hagan una lista de las tareas que estas personas suelen realizar. Paséese por los grupos y ayúdeles. A partir de estas tareas, les resultará más fácil organizar la entrevista.
- Una vez hayan definido el tipo de tareas que se tendría que llevar a cabo en este puesto de trabajo, pueden pasar a organizar las preguntas como se explica en el libro.

c

Antes de empezar a simular la entrevista, es importante que se repartan los diferentes roles y los preparen. La tercera persona del grupo se encargará de grabar y tomar notas. Para ello contará también con la ayuda del resto de los compañeros de la clase.

→ Ejercicio 17 y 21, págs. 113 y 115.

MI RECURSOS

Usted puede optar por realizar estas actividades en clase, en el lugar recomendado en esta guía, es decir, a continuación de la actividad en la que se trató el tema, o dejarlas como trabajo autónomo fuera del aula. Dependerá de las necesidades de su alumnado y también del tiempo que disponga.

CULTURA

Objetivos

» Reflexionar sobre los descansos en el trabajo desde el punto de vista intercultural

a

- Es importante que durante la actividad **a** se lleve a cabo un intercambio de experiencias entre los alumnos ya que el texto que tendrán que leer en **b** es bastante largo y contiene mucha información. Para que no se pierdan en la discusión, diríjala escribiendo en la pizarra las preguntas sobre las que ellos tendrían que discutir.

1. En las empresas de tu país, ¿se realizan descansos durante la jornada laboral?
2. ¿Con qué objetivo?
3. ¿Te parecen una pérdida de tiempo? ¿Por qué?
4. ¿O te parecen necesarias? ¿Por qué?

- Después recoja las respuestas en el pleno y escriba en la pizarra aquellas ideas que le parezcan importantes.

b

- Es posible que sus alumnos conozcan la palabra "fika", si no es así, pídales que lean el título del artículo, allí se revela el significado.

- Después pasan a leer el texto. En una primera lectura solo tendrán que contestar dos preguntas, pídales que intenten hacerlo con sus propias palabras. Escriba para ello en la pizarra:

Los suecos entienden la pausa del café como ...
Los españoles entienden la pausa del café como...

c

La segunda lectura será ya más detallada y tendrá que dar respuesta a las tres primeras preguntas de la actividad. Deje que las contesten de forma individual y luego comparen con su grupo de trabajo. Paséese por la clase y ayude a sus alumnos en el caso de que haya dificultades para la comprensión.

Ampliación: este texto contiene un vocabulario muy rico e interesante. Anime a sus alumnos a ampliar su red de palabras. Una idea podría ser que tomaran el texto y seleccionaran aquellas palabras que les gustaría añadir a su "diccionario". Póngales para ello un límite. Estas no tendrán que ser más de veinte, eso sí tendrán que trabajar con combinaciones léxicas y que luego intenten clasificarlas de alguna manera, ya sea por campos semánticos (tiempo libre / trabajo), por su morfología (verbos + complementos / sustantivos + complementos), etc. A continuación les damos un ejemplo:

pérdida de tiempo
bollería industrial
contar los días para las vacaciones
alta productividad
reducido nivel de estrés
etc...

d

En la última pregunta realizarán el trabajo intercultural. Si tiene alumnos de diferentes nacionalidades, aproveche la ocasión para contrastar la información.

Vivir del cuento

PORTADA

Objetivos
» Presentar los objetivos comunicativos de la unidad y el proyecto que se realizará al final de la misma » Introducir el tema lectura a partir de imágenes y léxico » Hablar sobre preferencias de lectura en general

- Antes de comenzar con las actividades de esta página, dirija la atención de sus estudiantes hacia el título "Vivir del cuento" e intente que infieran el significado de esta expresión. Lea después con ellos los objetivos de aprendizaje que se presentan, así como las tareas que realizarán en la unidad.

a/b

- Dé tiempo a los alumnos para que lean las expresiones que aparecen en la actividad **a**. Todas hacen alusión a diferentes géneros literarios. Aclare las dudas que puedan surgir. Después pídales que clasifiquen los libros que aparecen en esta primera página, a partir de la ilustración o el título, no les resultará difícil. Ponga los resultados en común y también la razón que les haya llevado a clasificar los libros en un género u otro. Posiblemente saldrán razones como: *por la imagen, por el título ya que incluye las palabras X y X, por el autor ya que sé que escribe..., por la foto... etc.*
- Después en **b,** deje que en parejas hagan hipótesis sobre el contenido del libro, el tema que trata, etc, a partir del título y de la imagen. El diálogo modelo les puede ayudar.

Ampliación: pida después que en pequeños grupos de cuatro personas busquen en su móvil información sobre uno de los libros y cuenten al resto de la clase sobre el contenido del mismo. Procure que todos los libros hayan sido seleccionados. Usted puede tomar nota en la pizarra de las expresiones o palabras que vayan saliendo y les puedan parecer interesantes, por ejemplo:

Frida Kahlo: *biografía, mexicana, pintora, pinturas, cómic, etc.*
Mortadelo y Filemón: *cómic, ladrones, detectives, aventuras, divertido,...*
Carvalho: *fútbol, novela negra, asesinato, detective, tiene lugar en Barcelona, etc...*

c

Realice la actividad tal y como se indica en el libro. Preste atención a que previamente hayan entendido todos los adjetivos y expresiones que se presentan.

d

Antes de realizar la actividad como se indica en el libro, permita que sus estudiantes tomen notas del libro que quieren presentar a su compañero/-a. Para estimularles, pida que graben su conversación con un móvil y después la escuchen, de esta manera podrán controlar sus interacciones de forma más efectiva.

→ Ejercicio 1 pág. 116.

10A EN LA FERIA DEL LIBRO

Antes de pasar a la primera actividad de esta parte de la unidad, deténgase en los objetivos que se marcan en estas cuatro primeras páginas, así como en el título de este apartado **A.** Este les dará pistas sobre el tema y situación que tratarán en estas cuatro primeras páginas. A continuación puede resumir brevemente el contenido que se presentará: comprender un programa literario, comprender declaraciones sencillas en una rueda de prensa o de titulares de prensa, leer un cuento corto y resumir el contenido, escribir un microrrelato.

1 En la feria

Objetivos
» Comprender un programa literario e introducir léxico específico sobre actividades relacionadas con la literatura

1a/b

En esta primera fase se hará un trabajo de comprensión de este tipo de texto, donde de forma breve se informa sobre las actividades literarias en un día de la feria de La Habana. Para ello de forma individual el/la estudiante tendrá que clasificar el léxico en los siguientes campos semánticos: actividades literarias, géneros y profesiones ligadas a la literatura. Deje un par de minutos para que rastreen el texto y luego ponga los resultados en común en la pizarra. Aclare también las posibles dudas que hayan surgido.

Actividades: *entrega de premios, firma de libros, mesa redonda, Jam Sessión, encuentro, panel (de discusión), debate, cuentacuentos, recital de poesía, homenaje, entrevista, lectura*
Géneros: *cuento breve, cómic, poesía, relato*
Profesiones: *poetisa, poeta, cantautor, dibujante, escritora, periodista*

Ampliación: con el fin de analizar el léxico de la unidad, la actividad de vocabulario se podría ampliar pidiendo a sus estudiantes que conviertan estas actividades en acciones, es decir que trasformen las expresiones nominales a expresiones acompañadas de un verbo y su complemento, o de otra manera. Por ejemplo: *entrega de premios → entregar un premio; firma de libros → firmar un libro; mesa redonda → organizar/tener lugar una mesa redonda; jam sesion → improvisar poesía; encuentro → realizar un encuentro; panel de discusión → discutir sobre; debate → debatir sobre; cuentacuentos → contar cuentos; recital de poesía → recitar poesía; homenaje → rendir homenaje; entrevista → entrevistar; lectura → leer.* De esta manera sus alumnos tendrán la oportunidad de consolidar y ampliar su vocabulario.

- Una vez trabajado el vocabulario, pasen al apartado **1b** y pida a los alumnos que en pequeños grupos realicen la actividad tal y como se propone en el libro.

→ Ejercicios 2 y 3 págs. 116-117.

2 En la rueda de prensa

Objetivos
» Comprender breves declaraciones de prensa sobre un tema previamente conocido

2a/b

14

- Explique a sus estudiantes el contexto en el que se sitúa la comprensión auditiva: el texto audio reproduce la conversación y declaración de prensa entre una periodista y la directora de la feria del libro en la Habana. Dígales que en esta primera audición solo tendrán que realizar una comprensión de tipo global y la pregunta a la que tienen que contestar es: *¿sobre qué temas hablan?*
- Después de haber realizado la audición, proceda como en otras ocasiones. Deje que en parejas los alumnos se intercambien las informaciones que han comprendido y tomen notas.
- Vuelva a poner la audición y deje que los alumnos ajusten la información. En esta segunda fase tendrán oportunidad de confirmar, corregir o reajustar sus notas. Pídales que de nuevo comparen con otro compañero la información comprendida.
- Si lo considera necesario, pregunte a sus alumnos si necesitan volver a escuchar el texto auditivo. Con esta tercera y última audición estarían además preparados para realizar la parte **2b** de la actividad.
- Pida a sus alumnos que lean los titulares y aclare cualquier problema de comprensión que aparezca. Como el alumno ya habrá escuchado el texto audio dos o tres veces, seguramente no tendrá problemas en identificar los titulares relativos a las declaraciones de la feria. En concreto se mencionaron todos los titulares menos el número 1, 5 y 6. La número 4, aunque no se dice expresamente, se deduce que es cierta por las palabras de la directora de la Feria, ya que dice que tuvo gran afluencia de público.

Ampliación: antes de pasar a la actividad **2c** le proponemos trabajar de nuevo con los titulares. Pida a sus alumnos que busquen los verbos que ponen en relación a la persona que "dijo algo" con "lo que dijo". Ponga un par de ejemplos para que lo entiendan en la pizarra. Explique a los alumnos que estos verbos son verbos de transmisión.

La escritora Elena Poniatowska declaró que se sentía muy agradecida.
Noelia Castillo afirmó que el libro tendrá vida para rato.

2c

- En esta actividad trabajaremos con el mensaje original que subyace a las noticias de prensa, para así analizar los cambios gramaticales, morfológicos y léxicos que suelen darse lugar cuando se transmite una información que han dicho otros. Explique a sus alumnos que en **2b** no leyeron las informaciones tal y como las dijeron las personas, sino como fueron transmitidas, mientras que en **2c** podrán leer esta información de forma directa, del mismo modo como se dijeron.

- Pida que vayan a **2b** y marquen los verbos que suelen aparecer en la oración subordinada después de los verbos o expresiones que indican que se transmite una información dicha por otros y marquen después en **2c** tal y cómo lo dijeron. Ponga un ejemplo en la pizarra:

"Me siento muy agradecida por la invitación..."
"... declaró que se sentía muy agradecida por... "

- De esta forma verán que no solo la perspectiva cambia, sino que también los tiempos verbales pueden cambiar. Enfatice especialmente la palabra "suelen" ya que no siempre es así, todo depende de lo que quiero indicar. Remítales para ello a la tabla amarilla y sobre todo, a las rúbricas en negrita: *quiero indicar que lo dicho todavía es válido (actual)*, es decir que tiene todavía actualidad, o por el contrario *quiero indicar que no es válido, es decir ya no tiene actualidad, o simplemente quiero distanciarme de la información.* Una frase como "Elena declaró que se siente muy agradecida" sería también posible, pero con eso estoy comunicando que el hecho de sentirse agradecida llega también hasta el presente, que ese sentimiento sigue siendo actual. De este modo, en las concordancias temporales del español, se manifiesta el significado que le quiero dar a lo que digo. Esto que parece muy sencillo, pero que pocas veces se tematiza en este nivel, es importante que lo enfatice, ya que a partir de ahora sus alumnos estarán muy atentos a cómo hablamos y constantemente les llamará la atención que algunas reglas que parecían inamovibles en la gramática más tradicional, en realidad no lo son. ¡De este modo les está dando usted una explicación basada en el uso y no en las formas! En realidad esta se enlaza con aquella que ya conocen del uso de las formas del pasado, es decir, la dualidad "actual/no actual".
- Después de haber realizado esta explicación, puede pedirles que completen la tabla con las formas que faltan y según lo que han podido analizar en las frases anteriores.

Observación: si necesita detenerse más en este aspecto gramatical, puede ir al apartado **Mis recursos** en la página 52, ejercicio **1**, donde sus alumnos podrán reflexionar sobre los conceptos "actual/no actual" y ponerlos en práctica.

2d

En la actividad **2d** tendrán ocasión de poner en práctica lo aprendido hasta el momento. Deje que trabajen en parejas. Paséese por el aula para ir supervisando el trabajo de sus alumnos. Después ponga los resultados en común en el pleno de la clase.

→ Ejercicios 4, 5y 6 y 7 págs. 117-120.

3 Un cuento musical

Objetivos
» Comprender y resumir un cuento corto » Valorar una lectura

3a

En esta actividad **3** vamos a leer un cuento de Mario Benedetti, pero antes de hacerlo trabajaremos sobre el protagonista de la historia. Remita a sus alumnos al dibujo y deje que en parejas hagan hipótesis sobre el personaje: quién es, qué hace, cómo se siente. Como guía utilizarán algunos de los recursos que les damos en la caja amarilla y que sirven para introducir la ambientación del cuento. Después pongan en común los resultados en la clase.

3b

- Antes de comenzar a leer contextualice al autor y su cuento. Mario Benedetti fue un escritor uruguayo fallecido en el año 2009 en Montevideo. Su prolífica producción literaria incluye más de ochenta libros, algunos de los cuales fueron traducidos a más de veinte idiomas. El cuento que nos ocupa, forma parte de la antología de cuentos *La muerte y otras sorpresas*. Esta gira en torno a los siguientes temas: la incapacidad de comunicación, la soledad, el deterioro causado por el paso del tiempo, el miedo, la apatía, la imposibilidad de amar y de sobrevivir a la rutina. Una vez conocido este contexto, al alumno le resultará más fácil hacer una interpretación de la lectura.
- Los estudiantes trabajarán primero de forma individual en la lectura del texto. Tras hacerlo solo tendrán que contestar dos preguntas: si el título tiene un significado simbólico, o por el contrario, es literal, y cuál es el argumento principal. Para contestar la primera pregunta, tendrán naturalmente que entender por qué el cuento se llama *La expresión*. La respuesta es que el título hace referencia a la capacidad expresiva del pianista para traducir en gestos sus interpretaciones musicales, por esta razón se puede

decir que el título es literal. Una vez entendido esto y comprendido lo sucedido, será fácil que los alumnos elaboren un resumen del cuento: un pianista, especializado en expresiones adecuadas a la composición musical que interpreta, sufre una amnesia. Esta enfermedad consiste en el olvido de las partituras, pero no de las expresiones que las acompañaban. A consecuencia de esta amnesia nunca volverá a dar conciertos para el público, pero sus amigos sí que siguen yendo a su casa para ver su recital de "expresiones".

- Tras la lectura deje que los alumnos trabajen en parejas y comparen sus respuestas. Paséese por la clase y vaya resolviendo las dudas que se planteen. En principio para contestar las preguntas no tendrán que entender todo el léxico que presenta el texto, que como suele ser habitual en una obra literaria, es muy rico en adjetivos y en imágenes. Si ve que sus alumnos quieren trabajar el léxico con más intensidad, puede ofrecerles una actividad de ampliación.

Ampliación: pida a sus alumnos que ahora en pequeños grupos busquen en el texto el léxico de los siguientes dos campos semánticos: música y gestualidad. Recuérdeles que el trabajo del léxico no conviene reducirlo al de palabras aisladas, sino que es mucho más efectivo trabajar con combinaciones de palabras siempre que sea posible. Ponga ejemplos en la pizarra.

música	*gestualidad*
tocar una sonata *serie de concierto* *pianista* ...	*aplauso* *gesto ampuloso* *afectación del rostro* ...

Una vez hayan confeccionado la lista de palabras, deje que vayan a otro grupo y la comparen o completen. También puede animarles a que pregunten a sus compañeros por las palabras de la lista que dentro del grupo no se han entendido. Después vuelven a su grupo original y ponen en común las nuevas listas.

3c

Ahora deberán leer con atención un posible resumen del cuento e identificar aquella información que no se ajuste totalmente a la que aportaba el texto. Deje que luego comparen sus correcciones con el/la compañero/-a de al lado.

3d

- En esta actividad trabajaremos el texto de nuevo fijándonos en el contenido con el objetivo de localizar las partes fundamentales de un cuento: introducción, desarrollo y desenlace. La introducción seguramente la situará el alumno en los tres primeros párrafos, donde se presenta al protagonista y su talento especial para combinar gestualidad y música. En los párrafos 4 y 5 se presenta el problema: la aparición de la amnesia "lagunar" y sus consecuencias. En el último párrafo tiene lugar el desenlace: el pianista se retira de los conciertos públicos, pero sigue dando recitales de "expresiones" en su casa para sus amigos.

Observación: si quiere profundizar en la estructura de textos de tipo narrativo, puede dirigirles a la página **Mis recursos**, ejercicio **2**, pág. 52.

3e

Proceda como se propone en el manual, puede presentarles para ello la caja amarilla donde se recogen expresiones para valorar.

→ Ejercicio 8, pág. 120.

4 El microrrelato

Objetivos

» Comprender una discusión entre expertos donde se debate sobre un tema conocido para el oyente

4a

15

- Antes de comenzar con la audición del nuevo texto, deje que sus alumnos hagan una lluvia de ideas en pequeños grupos sobre el término microrrelato en contraposición con el concepto cuento. Usted puede darle una serie de preguntas como guía: *¿Cuál piensan que es más corto? ¿De qué partes consta? ¿Cuántos personajes tiene? ¿Conocen alguno?*
- Después deje que escuchen una vez y tomen notas de lo que entienden. A continuación pida que cuenten a su compañero/-a lo que han entendido.
- Ponga de nuevo el texto audio para confirmar o reajustar las informaciones y deje que de nuevo vuelvan a contar lo que han entendido a otro/-a compañero/-a.
- A continuación deje que lean las frases 1 a 7 que aparecen en el libro y que intenten completarlas. Después ponga el texto audio de nuevo para que puedan completar o confirmar la información.

- Al final se pone la información en común en el pleno de la clase.

4b

- Aunque en el texto auditivo los expertos en literatura han diferenciado entre microrrelato y nanorelato, nosotros hemos decidido no hacerlo ya que las diferencias son muy sutiles. Por eso entre los tres textos incluimos el famoso microcuento de Monterroso.
- Realice la actividad tal y como se propone en el libro. Una vez que los estudiantes hayan relacionado texto y título, pídales que señalen en los textos aquellas palabras que les han ayudado. Interesante sería detenerse en los dos primeros textos ya que son los menos evidentes, pues ninguna de las palabras del título se repite en ellos.
- Si sus alumnos sienten interés por la literatura o incluso en sus estudios han tenido oportunidad de dedicarse a ella, puede también preguntarles si alguno de estos microrrelatos cumple la norma de la intertextualidad de la que se habló durante la audición, es decir, si existen referencias a obras literarias o personajes de la literatura. Seguramente en los dos primeros textos les resultará relativamente fácil encontrar ejemplos. El microrrelato *Cuento de horror*, podría ponerse en relación con alguno de los poemas o cuentos de Edgar Allan Poe, donde la figura de la amada muerta que resucita o reaparece de forma fantasmal es recurrente. En *A primera vista* es fácil encontrar, por ejemplo, referencias literarias a la figura del Conde Drácula. En cuanto al microrrelato de Monterroso se han realizado numerosas interpretaciones, algunos críticos han querido ver una referencia al "mito de la caverna" de Platón (explicación sobre la situación en que se encuentra el ser humano respecto del conocimiento), otros ven referencias a los bestiarios medievales. Lo cierto es que es un relato que deja cabida a la interpretación.

4c

Teniendo en cuenta las notas que tomaron durante la actividad **4a**, los estudiantes tendrán que revisar qué características del género se cumplen. Si no lo hizo durante la actividad **4a**, apunte ahora en la pizarra con ayuda de sus alumnos, cuáles eran estas características. Después tendrán que decidir si alguno de ellos no es un microrrelato. La respuesta es: *El dinosaurio* se ajusta más a la definición de nanorrelato.

Es brevedad.
Tiene más de una línea (el nanorrelato tiene solo una).
El título sugiere asociaciones e invita a leer.
El desenlace puede ser una idea.
Tiene pocos personajes: uno o dos.
El personaje es conocido (literatura, Biblia, historia).
Hay referencias a otras obras de la literatura.
Tienen sentido del humor y usa juegos de palabras.

4d

Le aconsejamos realizar esta actividad fuera de clase. Una idea sería dejar que los estudiantes busquen información sobre el autor, su obra, los temas que trata y si es posible información sobre uno de los microrrelatos que se presentan, así como alguna foto que ilustre la información. Si tiene una plataforma de aprendizaje, puede proponerles que cuelguen la información en la actividad prevista para la misma.

→ Ejercicio 9, pág. 121.

Escribimos

Objetivos
» Escribir un microrrelato

Le recomendamos realizar la actividad en parejas o en pequeños grupos de tres. En el caso de no tener tiempo, puede también trasladar la actividad a la plataforma de aprendizaje.

a

Tras elegir el tema, tendrán que realizar una lluvia de ideas. Para ello puede proponerles que vuelvan a una de las características principales del microrrelato: El título tiene que ser sugerente e invitar a la lectura, solo tiene un personaje o dos, el personaje tiene que tener un referente en la literatura, religión o historia, alguna idea del relato hace referencia a una obra literaria, el desenlace tiene que ser también sugerente y transmitir una idea. A partir de estas características les resultará más fácil encontrar palabras claves para el microrrelato.

b

- Si quiere dejar más abierta la escritura y tiene un grupo muy motivado y creativo, puede dejar algo más libre la longitud del microrrelato hasta por ejemplo, veinte palabras. Es importante que también le den un título.

• Si realiza la actividad en clase, paséese por el grupo para tener una idea de cómo van realizando la actividad.

c

• Si ha realizado la actividad en clase, cuelgue en la pared los microrrelatos de los alumnos o deje que los lean en voz alta.

• Para poder valorar el trabajo realizado por los compañeros de clase, vuelva de nuevo a las características del microrrelato y deje que puntúen cada aspecto del 1(+) al 5(-). También puede preparar para ello una ficha y entregarla a cada grupo para que puedan tomar nota de sus valoraciones. Esta ficha podría ser así:

	Grupo 1	*Grupo 2*	*Grupo 3*	...
Título				
Idea				
Personaje(s)				
Juegos de palabras				
Brevedad				
Originalidad				

10B OTRAS MANERAS DE CONTAR

• Lea con sus alumnos los objetivos marcados en esta primera doble página **B**. Recuérdeles que este apartado **B**, al igual que el **A**, consta de dos dobles páginas y se cierra con una actividad en grupo, **NUESTRO PROYECTO**.

• En esta segunda parte de la unidad, trataremos otros géneros textuales como son el cómico, la novela gráfica, la entrevista y la poesía. Al final, en la actividad **NUESTRO PROYECTO** los alumnos se atreverán a experimentar con el género a partir de la creación de un poema.

5 Historietas y personajes

Objetivos
» Introducir diferentes personajes del cómic y hablar de las características y habilidades más habituales de los personajes del género

5a/b

• Antes de pasar a relacionar las características y habilidades, deténgase en las portadas y asegúrese que estos tres cómics sean conocidos. Podría ocurrir que para algunos de sus estudiantes la figura de Mafalda no sea conocida. Mafalda, aunque ha sido traducida a multitud de idiomas (en concreto 26), es un cómic que sobre todo fue muy popular en los años 60 y 70, ya que muchos de los temas que preocupaban al personaje principal eran temas políticos y sociales de la época. Contextualice un poco al personaje: Mafalda es una niña de la clase media argentina en edad escolar que vive con sus padres y su hermano. Sus preocupaciones principales son la paz, la justicia, la democracia y la igualdad de las mujeres. Su observación sobre lo que pasa en el mundo siempre va por delante de sus padres, a los cuales sorprende constantemente con sus preguntas y comentarios. Además de su familia, el cómic reúne a otros personajes, amigos todos del colegio que representan de forma arquetípica el pensamiento de los adultos, siendo uno de los temas más interesantes el tratamiento del racismo que se hace en el cómic, representado por Manolito, el amigo con el que juega al ajedrez.

• Después de las explicaciones que considere pertinentes, pase a la actividad concreta con el vocabulario que se presenta en la actividad. Aclare posibles dudas y deje que trabajen en equipo.

• Después de haber realizado el trabajo de contenido sobre los cómics, deje que en la actividad **b** lo clasifiquen según el tipo de cómico que en su opinión representa el personaje.

5c

Después de realizar la actividad en parejas, deje que cada estudiante cuente el personaje de cómic que le gustaba a su compañero/-a.

5d

La actividad **5d** es una actividad adicional para aquellos grupos a los que el género resulte interesante. Los personajes que hemos incluido en esta actividad son cómics muy conocidos en el mundo hispanohablante. Quizás para despertar el interés, puede pedirles que busquen rápidamente en sus móviles una foto de los cómics, seguramente que alguno lo conocen. Después pídales que de forma individual preparen un breve texto sobre el cómic en cuestión para presentarlo a sus compañeros de grupo. Puede darles un pequeño esquema con posibles preguntas:

País del que procede
Descripción del protagonista
Tipo de cómic

→ Ejercicios 10, 11 y 12 págs. 121-123.

6 Virus tropical

Objetivos
» Presentar una visión pluricéntrica del español a partir de una historia gráfica

Antes de comenzar con la actividad, sitúe a los alumnos en el contexto. Presente brevemente el argumento de la novela y a la autora. Nos adentraremos en este género a través de la novela gráfica *Virus tropical* de la dibujante y humorista gráfica ecuatoriano-colombiana Paola Gaviria, conocida por el nombre artístico de Power Paola. La novela que aquí presentamos ha sido llevada al cine en forma de película animada. Le resultará muy fácil encontrar un avance de la misma en Internet.
Virus tropical es la autobiografía de la autora narrada en cómic. En ella hace un recorrido de su vida, desde el preciso momento en que fue concebida hasta los 18 años.
Con mucho humor, Power Paola repasa en viñetas los hechos que la marcaron en diferentes etapas de su vida (infancia, adolescencia y juventud). En su novela nos presenta a su familia, a sus amigos del colegio y del barrio en Ecuador, pero también nos habla de sus emociones por la separación de sus padres y de su partida a estudiar a Colombia, la llegada a la universidad, de los nuevos amigos, sus primeras experiencias con el sexo, de las desilusiones amorosas. Una entretenida historia de vida que explora la búsqueda de la identidad personal y colectiva en un mundo globalizado.

6a/b

- Antes de leer este cómic o novela gráfica, será necesario que el alumno conozca las partes que componen este tipo de texto: viñeta, bocadillo o globo y tira. A partir de las definiciones presentadas en **6a** les resultará fácil inferir el significado de estos conceptos y reconocerlos.
- A continuación en **6b**, pasaremos a que hagan un primer acercamiento al texto fijándose en primer lugar en los dibujos, parte esencial en este género. Lea con ellos los adjetivos y sustantivos que se presentan y aclare las posibles dudas. Después deje que describan lo que ven apoyándose en estas palabras. Posiblemente no necesiten todas. Será interesante ver qué palabras utilizan y cómo encajan estas con el contenido de la tira cómica después de realizar su lectura en **6c**.
- Recoja en el pleno las descripciones de sus alumnos, pidiéndoles que por parejas mencionen una o dos de las frases que han intercambiado. Vaya apuntando en la pizarra las asociaciones que realizan.

ojos tristes

6c

- Ahora de forma individual, deje que lean el cómic y contesten la pregunta que se les formula: *¿Qué diferencias lingüísticas entre el español ecuatoriano y el de Cali aprende la protagonista?* A los alumnos les resultará muy fácil entender el significado de estas nuevas expresiones o fenómenos lingüísticos ya que o bien se ven en la imagen (panes de bonos, pandebonos es un pan elaborado con queso) o los personajes los explican. También conocen por primera vez el fenómeno del voseo, que se da en numerosos lugares de Sudamérica.

Ampliación: si le interesa extenderse en el tema del voseo, en nuestra página web encontrará material fotocopiable para llevar a clase.

- Ahora sería interesante realizar una comparación entre los adjetivos y sustantivos elegidos en **6b** y ver cómo encajan tras la lectura: ¿hay una correspondencia entre los sentimientos que expresan los personajes y lo que dicen? Posiblemente la respuesta será que no del todo. Efectivamente los personajes de Power Paola transmiten no solo palabras sino también sentimientos que son los que vive la protagonista en cada cambio o nueva etapa que inicia en su vida.

6d

- Posiblemente esta pregunta no funcionará con todas las nacionalidades que tenga en clase, pero será interesante ver la percepción pluricéntrica que tienen de otros idiomas. Acercándose de esta forma intercultural al tema, propiciará en sus alumnos una cierta relativización sobre el mismo, y en consecuencia una pérdida del miedo que a veces experimentan los estudiantes cuando se ven confrontados a otras variantes del español que no es la que conocen de su profesor/a, a la vez que romperá con el estereotipo de ver la lengua castellana como una dualidad: España vs. Latinoamérica. Sino que el español es tan variado y rico como los países y las regiones por las que se extiende, a pesar del papel uniformador y estandarizante que los medios de comunicación, por otra parte, tienen.

7 Una entrevista

Objetivos
» comprender una entrevista de tipo biográfico
» hablar de momentos importantes en la vida de una persona

7a

16

- Antes de comenzar a escuchar contextualice la entrevista: esta tiene lugar durante la feria de la Habana, allí la dibujante e historietista Power Paola es entrevistada por diferentes personas del público. En la entrevista hablará sobre sí misma, pero también sobre el origen de su libro *Virus tropical*.
- En esta primera audición, sus alumnos realizarán una comprensión de tipo global, donde solo tendrán que identificar los cuatro temas principales de los que hablar y que aparecen en el ejercicio. Pida a sus alumnos que lean las cuatro frases previamente a la audición, que son las que se corresponden con los temas. La tarea será comprender el orden en el que los temas se mencionan.

7b

16

- En la segunda audición (**7b**) tendrán que prestar más atención. Pídales que para ello en primer lugar lean las notas que aparecen en el libro y piensen si hay alguna que ya pueden identificar como verdadera o falsa. Ponga a continuación el texto auditivo y deles de nuevo tiempo para identificar aquellas afirmaciones que sean falsas y las corrijan. Después pida que comparen con un/a compañero/-a sus respuestas. Si es necesario, puede dejar que escuchen una tercera vez la audición.
- Una vez realizado este trabajo de contenido, pase con sus alumnos a analizar estos textos. En las seis frases aparecen marcados en negrita conectores de tipo consecutivo (*por eso, de ahí que, por lo que, de manera que, así que*) y algunos adverbios de identificación (*tan... que, tanta... que*). Pídales que vuelvan de nuevo a los textos e intenten buscar un equivalente en su propia lengua.
- Una vez realizado el análisis del texto, pídales que vayan a la tabla donde se presentan los conectores consecutivos. En esta tabla se presentan algunos más, que ya conocen de forma pasiva porque salen a menudo en los textos del manual. En la tabla hemos distinguido entre aquellos que unen el discurso y los que unen dos oraciones, de todos modos, si le resulta difícil hacer esta distinción con sus alumnos, no es necesario que la haga. A veces estos conectores son intercambiables.

Observación: Para reforzar estos contenidos en clase, puede dirigir a sus alumnos al apartado **Mis recursos**, a la actividad **4** de la página 53. En la actividad **3**, también del apartado **Mis recursos**, puede revisar, además, el conector *pues* con sus dos valores consecutivo y causal. Esta actividad recomendamos no hacerla en este momento, sino dejarla para casa.

7c

- Para realizar esta actividad deje que de forma individual el alumno piense primero en situaciones que hayan tenido consecuencias importantes en su vida y las pongan por escrito en forma de notas como en el ejercicio **7b**. Después deje que las comparen con su compañero/-a.
- Para motivarles puede pedirles que se graben con el teléfono móvil y después escuchen sus producciones.

→ Ejercicios 13 y 14, págs. 123-124.

8 Nuevas formas de poesía

Objetivos
» reflexionar sobre la esencia de un poema y sus posibles formas » escribir un breve texto a partir de léxico de las emociones

8a/b

- Antes de pasar a las actividades **8a** y **8b** pregunte a sus alumnos si leen poesía o recuerdan algún poema. Pídales que piensen en las características que normalmente posee un poema y marquen aquellas que reconocen como tales; añadan otras en caso de ser necesario. Deje que esta actividad la realicen en parejas o en pequeños grupos.
- Una vez realizada la actividad, pase a **8a**. Antes de leer los textos explíqueles que aquí se presentarán diferentes modelos de poesía que se alejan del

modelo tradicional. Para aquellos alumnos con poca afinidad por la literatura, y en concreto, por la poesía, puede ser un aliciente conocer estas otras formas de poesía que se acercan más al lenguaje audiovisual.

- Deje que lean primero los títulos (*poesía multimedia, haikus, poémic y Madrid te comería a besos*), y luego que observen y discutan a partir de las dos imágenes, qué tipo de poesía piensan que es y si la conocen. Es posible que alguien haya oído hablar de los "haikus" japoneses. Después pídales que lean los textos de forma individual y marquen las características principales de estos tipos de textos. Después podrán comparar con las de **8a**.

Ampliación: si dispone de tiempo, puede pedirles que busquen en Internet ejemplos similares (por ejemplo, un haiku en su idioma) y que los traigan a clase o los cuelguen en la plataforma de aprendizaje para compartirlas con los otros compañeros.

→ Ejercicios 16 y 17, págs. 126-127.

8c

- En esta tercera actividad, planteada de forma individual, los alumnos tendrán que escribir un texto a partir de una serie de palabras. En la caja de la izquierda se presentan sustantivos que hacen referencia a sentimientos positivos, en la caja de la derecha, otros que hacen referencia a sentimientos negativos. Asegúrese de que entienden todas las palabras.
- En base a estas palabras (no tienen que usarlas todas y pueden también convertirlas en verbos) y a las preguntas que aparecen a la izquierda, tendrán que escribir un breve texto.

Alternativa: En el caso de que la actividad les resulte demasiado íntima, puede optar porque piensen en una historia ajena y la escriban en tercera persona. Otra idea sería que pensaran en un personaje literario que haya vivido situaciones emocionales al límite (por ejemplo, Madame Bovary, Anna Karenina...) y a partir de ahí escriban un breve texto.

NUESTRO PROYECTO

» Escribir una poesía

a/b

- En esta actividad los alumnos se convertirán en escritores por encargo. Para ello tendrán que seleccionar una imagen a partir de la cual escribirán una poesía que refleje el momento que viven las personas
- Tras seleccionar la imagen pídales que piensen en el motivo por el que las personas les ha encargado la poesía y qué quieren conseguir estas personas a partir de la misma. Es importante dar este primer paso antes de empezar a escribir ya que algunas de las imágenes pueden tener varias lecturas. Tome nota en la pizarra de lo que mencionen los alumnos. Por ejemplo:

Corazón roto
1. *Consolar: una poesía para animar a un/a amigo/-a a superar el dolor de la ruptura.*
2. *Reconquistar: una poesía para "enamorar" de nuevo a la expareja.*

Pareja
1. *Aniversario: alguien quiere regalarle a su pareja una poesía para conmemorar 1 año juntos.*
2. *Seducción: alguien quiere hacer una declaración de amor a su pareja.*

- Tras tener claro el motivo y el objetivo, deje que hagan una lluvia de ideas de las emociones que puedan sugerir. Para ello pueden basarse en el léxico de la actividad **8c**.
- Una vez realizada la lluvia de ideas, anímeles a jugar con las palabras teniendo en cuenta los criterios seleccionados en **8a**.
- Si tiene un curso muy motivado, puede sugerirles que acompañen su poema con imágenes.

c

Esta actividad puede realizarla en clase si dispone de tiempo, pero en el caso de contar con una plataforma de aprendizaje, podría también habilitarla para colgar los textos y dejar que los alumnos voten sus preferidos.

MI RECURSOS

Usted puede optar por realizar estas actividades en clase, en el lugar recomendado en esta guía, es decir, a continuación de la actividad en la que se trató el tema, o dejarlas como trabajo autónomo fuera del aula. Dependerá de las necesidades de su alumnado y también del tiempo que disponga.

CULTURA

Objetivos
» Conocer algunos escritores de novela negra españoles » Comprender la sinopsis de un texto literario

a

Utilice esta actividad para despertar el interés de sus alumnos y deje que la realicen en pequeños grupos.

b

- Antes de leer las sinopsis, deje que los alumnos se acerquen a los libros como lo haríamos en la vida real, es decir, observando las portadas y leyendo el título. Pídales que describan lo que ven y qué les sugiere el título: dónde piensan que tendrá lugar, quiénes pueden ser los protagonistas, qué piensan que va a ocurrir, cuál será el tema. De esta manera harán hipótesis sobre la novela antes de leer las sinopsis. Tome notas en la pizarra de todo aquello que vayan mencionando. Puede hacer un esquema como el que sigue en la pizarra, utilizando las preguntas que usted ya conoce de la **Unidad 2**, para analizar un artículo periodístico, y que también le pueden servir para analizar la trama de una novela. Seguramente que algunas de las preguntas se atreven a contestarlas.

	Silva	*Ribas*	*Roso*	*Sáenz*
Quién				
Qué				
Dónde				
Cómo				
Por qué				

- Después deje que lean los textos, comparen con sus hipótesis realizadas y contesten la pregunta que se les plantea: Sáenz de Urturi y Luis Roso son los dos autores debutantes en el género.

c

En la actividad **c** trabajaremos el léxico específico de la novela negra. Deje que lean de nuevo los textos y marquen las palabras o unidades léxicas que hacen referencia directa a este género. Por ejemplo marcarán palabras como: *investigar, muerte, pareja de investigadores, laberinto, psicología del asesino*, etc.

d/e

Después de elegir una de estas novelas y argumentar su elección, pase a la pregunta **e** donde le proponemos que anime a sus alumnos a escribir su propia sinopsis. Pídales que elijan su novela favorita, en el caso de no leer novela negra, puede ser de otro género. Para escribir la sinopsis pueden ayudarse del esquema que usted les ha hecho en la pizarra. Las preguntas *quién, dónde, qué, cómo* y *por qué* les ayudará a articular su resumen. Para estimular a sus alumnos, puede organizar en clase una actividad adicional, copiando todas las producciones o colgándolas en una plataforma de aprendizaje, para que elijan la novela que les parece más sugerente. Por supuesto, también pueden ser leídas en clase, en el caso de disponer de tiempo.

→ Ejercicios 15 y 18, págs. 124 y 127.

¡Luces, cámara, acción!

PORTADA

Objetivos
» Hablar sobre cine en general » Conocer los comportamientos y gustos cinematográficos de los españoles y reflexionar sobre los propios.

Antes de comenzar con las actividades de esta página, dirija la atención de sus estudiantes hacia el título "¡Luces, cámara, acción!" e intente que infieran el significado de esta expresión. Pregúnteles con qué situación comunicativa la asocian. Después explíqueles que el tema principal de esta unidad es el cine. Lea después con ellos los objetivos de aprendizaje que se presentan, así como las tareas que realizarán en la unidad.

a

- En esta página presentamos una infografía sobre la relación del público español con el cine. Forme parejas en clase y pida, en primer lugar, que le vayan describiendo lo que ven en la infografía. Puede guiarles con preguntas. Apunte en la pizarra todo lo que vayan diciendo:

Preguntas	*Respuestas*
¿Cuáles son los cuatro temas que trata el gráfico?	*El número de salas, es decir, cines, y el número de pantallas en los cines*
¿Qué palabras del campo léxico "cine" reconoces?	*Salas, pantallas, entrada, espectadores, películas exhibidas, público*
¿Cómo se representan las gráficas?	*Con círculos, barras, líneas*

- Una vez que los alumnos hayan escrutado el contenido de esta infografía, les resultará más fácil realizar la interacción de la actividad **a**, para ello tienen un diálogo modelo. Mientras sus alumnos hablan, usted puede pasearse por la clase de tal modo que pueda ir resolviendo dudas.

b/c

- En la actividad **b** sus alumnos pueden comentar cómo es la situación en su país o en la ciudad en la que viven. Para guiarlos escriba en la pizarra los temas de los que podrían hablar.

Número de cines
Número de pantallas en los cines
Precio de la entrada
Espectadores
Gustos del público.

- Pase a la actividad **c** y realícela como se indica en el libro. Resuelva las posibles dudas de vocabulario antes de empezar la actividad. Para estimularles, pida que graben su conversación con un móvil y después la escuchen. De esta manera podrán controlar sus interacciones de forma más efectiva.

Ampliación: antes de pasar a la siguiente página, revise con sus alumnos todo el vocabulario que han aprendido en esta primera página. Pida a sus alumnos que intenten ponerlo en relación creando grupos de palabras. Es importante desde el principio hacerles responsable de su aprendizaje y estimularles a utilizar las estrategias que ya han venido conociendo en los tomos anteriores para consolidar y ampliar su vocabulario. Por ejemplo así:

sala – pantalla – película
público – espectador
precio – descuento
falta de presupuesto – ayudas al cine
mercado estadounidense – películas nacionales
proyección en cine – plataforma online

→ Ejercicios 1 y 2, págs. 128-129.

11A ESPAÑA EN SU CINE

Antes de pasar a la primera actividad de esta parte de la unidad, deténgase en los objetivos que se marcan en estas cuatro primeras páginas, así como en el título de este apartado **A.** A continuación puede resumir brevemente el contenido que se presentará:

conocer algunas de las películas más taquilleras del cine español, valorar una película, comprender una sinopsis y su estructura, hablar del tema central de una película.

1 La taquilla española

Objetivos
» Reconocer géneros cinematográficos » Valorar una película

1a

- Antes de pasar a la actividad, dirija a sus alumnos hacia la página de la derecha, en concreto, hacia las carteleras de películas españolas. Explíqueles que estas diez películas forman parte de la lista de las más taquilleras del cine español. Pregunte si conocen algunas de ellas. Es posible que sus estudiantes no las conozcan todas o incluso se sorprendan al saber que algunas son españolas. Recoja en la pizarra aquellas que conocen.
- Después pase a la actividad. Lea con ellos los géneros cinematográficos que allí se nombran y asegúrese de que entienden en qué consisten. A continuación, pídales que clasifiquen las películas conocidas en el género correspondiente, si no las conocen todas, puede decirles que tanto el motivo *(¿qué se ve en la foto?, ¿quiénes son los protagonistas? ¿qué aspecto tienen?)* como el título, pueden darles pistas. En el libro tienen un diálogo modelo para realizar la actividad. Incida en que es importante que argumenten su respuesta. Después ponga el resultado en común y tome notas de todos los argumentos que han utilizado.

Observación: posiblemente las películas "Mar adentro" y "La comunidad" sean las menos fáciles de clasificar. Anímeles a buscar información en Internet para verificar sus respuestas.

1b

17

- Antes de comenzar a escuchar, contextualice el texto audio. Infórmeles de que cuatro personas van a dar su opinión sobre tres de las diez películas vistas en la actividad **1a**. Para realizar la actividad les proponemos que sus alumnos escuchen el texto dos veces. En la primera audición, se centrarán en averiguar las películas de las que hablan. Tras esta primera escucha deje que sus alumnos, en parejas, comparen sus respuestas.
- En la segunda audición, tendrán ya que escuchar con más atención y, en concreto, fijarse en cómo las valoran, qué dicen de ellas. Después, pídales que comparen sus respuestas. Seguramente no habrán podido tomar notas de las expresiones de forma exacta, dígales que tampoco es necesario. Recoja los resultados en la pizarra y complételos como le parezca conveniente.

Mar adentro	*me impactó, genial, profunda, ...*
Los otros	*me impactó, miedo, ...*
Tadeo Jones	*para críos, divertida, sentido del humor,...*

- Después de haber escuchado el texto y de poner en común los resultados, dirija a sus alumnos hacia la caja amarilla de la derecha donde se dan algunos recursos para valorar una película. Llame la atención de los alumnos hacia las construcciones verbales que aparecen. Escríbalas en la pizarra y explique que estos verbos o construcciones funcionan como el verbo gustar o encantar, que ya conocen. Todos ellos se utilizan para expresar un sentimiento o una valoración, y se construyen de tal manera que la persona que experimenta el sentimiento es el objeto indirecto, mientras que la cosa que lo provoca, en este caso la película, es el sujeto de la acción. Es importante revisar este punto ya que estas construcciones muy frecuentes en español son muy usuales cuando valoramos algo o a alguien.

(La película) Me impactó. / Me emocionó.
(La película) Me hizo pasar muchos nervios, miedo, un buen rato.
(La película) Me pareció aburridísima / un desastre /emocionante.

1c

Realice la actividad como se propone en el libro.

2 Mi película favorita

Objetivos
» Comprender una sinopsis y su estructura
» Redactar una breve sinopsis

2a

- En esta actividad leeremos una sinopsis de tipo argumental. Este tipo de texto sirve para resumir la historia que se cuenta en una novela, película o cualquier otro tipo de narración, además de informar sobre quiénes son los protagonistas, qué sucesos tienen lugar, dónde y cuándo transcurren. La sinopsis, tal y como en la unidad se presenta, se encarga de presentar las líneas más importantes de la historia, dejando de lado los detalles y centrándose en lo esencial para el desarrollo de los contenidos.

- Una vez explicado el tipo de texto que vamos a trabajar, pase a realizar la actividad como se indica en el libro. Es decir, tras la lectura de los cuatro textos, los alumnos tendrán que contestar dos preguntas (*¿qué película es?* y *¿a qué género pertenece?*), además de buscar el léxico y la información que les ayudará a responder a los dos interrogantes. Esta última actividad les será muy útil para trabajar el vocabulario que aparece en estos textos.
- Como son cuatro textos, puede pedirles que trabajen en parejas y dividir la actividad de tal manera que cada estudiante lea dos textos y después intercambie su información con su compañero/-a. Usted, mientras tanto, puede pasearse por la clase y resolver las posibles dudas de sus alumnos.
- Recoja las respuestas en el pleno y apunte en la pizarra las expresiones o palabras que han marcado en los textos. Para limitar el léxico, puede proponerles que solo mencionen aquellas expresiones o palabras que les gustaría aprender o les resulta especialmente útiles. Le aconsejamos tomarse tiempo para esta actividad de léxico.

1. El orfanato: suspense, terror	*Orfanato, viejo caserón, despertar la imaginación, inquietar, sospechar, amenazar*
2. Mar adentro: drama	*Postrado en una cama, cuidado, junto al mar, sufir un accidente, morir dignamente...*
etc	*Etc.*

2b

- Tras trabajar los textos de forma intensiva, volveremos a la macroestructura de los mismos. En este caso, los alumnos tendrán que reconocer los tres contenidos principales de estos textos y decir el orden en que se los encuentran. Escriba en la pizarra los contenidos que el alumno tendrá que identificar. Recoja el resultado de sus alumnos en la pizarra. El resultado podría ser este.

Texto número...	*1*	*2*	*3*	*4*
Universo de la acción	*2*	*2*	*2*	*2*
Conflicto principal	*3*	*3*	*3*	*3*
Personajes	*1, 2*	*1, 2*	*1, 2*	*1, 2*

- Una vez realizada la actividad, pase a un análisis del contenido. En todos ellos el protagonista aparece ya en la primera frase del texto, a continuación se da información sobre el universo en que se mueven (dónde viven, a qué se dedican, cuál es su situación, etc.), para pasar después a presentar a otros personajes y su función en la historia. Por último se presenta el conflicto. Lléveles a continuación al cuadro amarillo de la derecha. En él se indica cómo escribir una sinopsis, que suele corresponderse con el esquema: protagonista – situación – conflicto. A veces estas partes se marcan de forma gráfica con párrafos. Mencione que en las sinopsis no se suele desvelar el desenlace, ya que una de sus funciones es motivar al espectador para ver la película.
- Si quiere trabajar un poco más con el tema y antes de pasar a la actividad **2c**, puede proponerles a sus alumnos que trabajen la actividad **4a** y **4b** del libro de ejercicios (pág. 130).

2c

Si no dispone de tiempo, proponga esta actividad como tarea de escritura para casa. Los alumnos podrán colgarlas después en la plataforma de aprendizaje o traerlas a clase para realizar una lectura colectiva.

→ Ejercicio 3, pág. 129.

3 A ver si la conoces

Objetivos

» Comprender una conversación informal sobre cine

» Presentar el uso del pronombre relativo *cuyo, cuya, cuyos, cuyas*

3a

18

- Antes de comenzar a escuchar, deténgase en el título de esta actividad "*A ver si la conoces*" y pregunte a sus alumnos si sabrían explicar lo que significa. Si no es así infórmeles que la expresión "*A ver si + verbo*" procede de la perífrasis verbal *ir a ver* y se suele usar a veces de forma elíptica, es decir, omitiendo el verbo *ir*. La frase completa, por tanto, sería *Vamos a ver si la conoces*. Después infórmeles del contexto de la audición: unos amigos juegan a adivinar títulos de películas y para ello hablarán de sus protagonistas o del argumento principal.

- Pase a explicar a sus alumnos que escucharán el diálogo dos veces: una primera en la que deberán identificar las películas de las que hablan y una segunda audición en la que tendrán que tomar notas de la valoración. Tras la primera audición, proceda como en otras ocasiones, en vez de dar usted las respuestas, deje que, en parejas, se cuenten lo que han entendido. Tras la segunda audición volverán a comparar sus anotaciones. En el caso de que sea necesario, ponga la audición una tercera vez para que sus alumnos puedan comprobar sus notas escritas.
- Al final recoja en el pleno las respuestas de sus alumnos.

3b

- En esta actividad introduciremos un tema de gramática nuevo: el uso de los pronombres relativos *cuyo, cuya, cuyos, cuyas*. Para ello partiremos de un posible diálogo donde otras personas describen las tres películas que se mencionaron en la audición. Deje que sus alumnos lean los minidiálogos y primero se centren en el contenido. Es decir, en averiguar cuáles son las películas a las que se refieren estas personas.
- Una vez que hayan realizado la actividad y comprobado sus respuestas, pídales que se fijen en las palabras marcadas en negrita y que traten de ver cómo lo dirían en su lengua. Así podrán contrastar con los recursos que tienen en su idioma para expresar la posesión. Remítales ahora a la cajita amarilla y deje que lean la información. Explique cómo funciona la concordancia con estos pronombres relativos. También les puede remitir a la página 172 del apéndice gramatical y leer con ellos la explicación. Explíqueles también que este pronombre relativo se utiliza poco en la lengua oral y es más usual en la escrita.

3c

Ahora les diremos que en pequeños grupos, jugarán también a adivinar películas y que para ello acaban de trabajar con un diálogo modelo que les puede servir de punto de partida. Deles primero tiempo para que de forma individual se hagan una pequeña lista de películas, tomen notas sobre la trama y los personajes y se anoten frases como en el diálogo: *Es una película cuyo personaje principal / cuyos protagonistas / cuya trama principal...* Después de forma alternada juegan a las adivinanzas. Deles 5 minutos. Gana el que más películas haya adivinado.

→ Ejercicio 4, pág. 130.

4 ¿Te apuntas?

Objetivos
» Comprender un diálogo telefónico » Proponer un plan o cita

4a/b

19

- Antes de escuchar el diálogo, dirija a sus alumnos hacia el título y explíqueles en qué contexto se utiliza esta expresión. Después deje que lean los tres títulos de películas. Pregunte si las conocen y si saben a qué género cinematográfico pertenecen. Si no lo saben, pídales que busquen información en Internet. Esta información les será útil para comprender mejor el texto audio.
- Proceda como en otras ocasiones contextualizando la audición: dos amigas hablan por teléfono y quedan para ir al cine. Explique ahora a sus alumnos que escucharán el diálogo dos veces. La primera escucha tendrá como objetivo contestar a la pregunta de la actividad, pero también sería conveniente que tomaran notas sobre lo que se dice de las tres películas. Una vez que hayan escuchado el diálogo deje que, en parejas, se cuenten lo que han entendido e intenten contestar a la pregunta planteada en la actividad: *¿qué película van a ver?*
- Ahora pasaremos a la actividad **4b**, aquí los alumnos tendrán que escuchar con más atención y en concreto fijarse en cómo valoran las películas. Para ello comience leyendo las expresiones que aparecen en el libro y pregúnteles si ya entendieron alguna de ellas. Ponga el texto audio y deje que escuchen una segunda vez. Después comparan sus respuestas entre sí. Recoja la información en el pleno de la clase.

4c

- Antes de ir al texto a la pág. 183, leeremos en clase las cuatro intenciones comunicativas que aparecen en el ejercicio: expresar una intención, proponer un plan y aceptarlo, expresar preferencias, delegar una decisión. Pregúnteles qué dirían en estas ocasiones en español. Seguro que ya conocen recursos para expresar estas cuatro intenciones. Recoja todo lo que sus estudiantes vayan mencionando en la pizarra.
- Después, de forma individual, leen el diálogo de la pág. 183 y buscan otras expresiones para completar la tabla. Deje que pongan en común sus notas y después recoja los resultados en el pleno.

4d

Esta actividad la puede trabajar en parejas o en pequeños grupos de tres. Pídales que utilicen algunos de los recursos que acaban de trabajar en la actividad anterior. Usted mientras tanto se pasea por la clase y observa cómo llevan a cabo la actividad. Para motivar a sus estudiantes, pídales que graben el diálogo con sus móviles.

5 El olivo

Objetivos
» Comprender una entrevista sobre la película "El olivo" » Visionar un avance de la película y analizar las imágenes » Ampliar léxico para hablar de cine

5a/b

20

- Para realizar la actividad **5a** lleve a clase una foto de un olivo centenario, o utilice la que aparece en la página 131, ejercicio **5** del libro de ejercicios. Después lea con sus alumnos los adjetivos que aparecen en la actividad y aclare las posibles dudas. Realice la actividad tal y como se propone en el libro.
- Proceda en la actividad **5b** como en otras ocasiones. Antes de escuchar pregunte a sus alumnos si conocen la película "El olivo". En el caso de que nadie la haya visto o haya escuchado hablar de ella, puede pedirles que busquen información en Internet a través de sus móviles. Recoja toda la información que le den sobre la película en la pizarra. Para guiarles en la sistematización de la información puede recurrir al esquema de la sinopsis que ya conocen.

Personajes	
Universo de la acción	
Conflicto principal	

- Después de haber hecho una breve introducción sobre la película y antes de comenzar a escuchar, contextualice la audición (una periodista entrevista al guionista de la película "El olivo") y pida a sus alumnos que lean las preguntas de la actividad. Resuelva cualquier duda que se presente.
- Proceda ahora como en otras ocasiones: diga a sus alumnos que tendrán oportunidad de escuchar dos veces la entrevista. En la primera audición deberán solamente tomar notas sobre lo que van entendiendo y después compartir la información con su compañero/-a. En la segunda audición tendrán oportunidad de ajustar, completar o corregir la información y volverán a compararla con lo que ha entendido su compañero/-a. Por último se ponen en común las respuestas en el pleno de la clase.

5c/d

- En la actividad **5c** le proponemos una actividad audiovisual. Busque en Internet, o pida a sus alumnos que lo hagan en sus móviles o tabletas, el avance o tráiler de la película. El vídeo lo pueden encontrar fácilmente en la plataforma YouTube, el enlace de su productora española es el siguiente: https://youtu.be/KC6qSUFMTEo, o bajo su distribuidora alemana, http://www.el-olivo-film.de/trailer-omu.php. El vídeo dura poco más de dos minutos y en él se presenta el universo de sus protagonistas, su conflicto y cómo lo resuelven, sin desvelar, por supuesto, el final.
- Una vez completado el visionado del vídeo pida a sus estudiantes que observen las imágenes y las relacionen con los títulos. Recoja las respuestas en el pleno y pídales también que expliquen lo que ven y qué momento de la película representan las imágenes. Coménteles que estas representan la sinopsis de la película: se presentan los personajes, el universo de la protagonista, el conflicto y el intento de resolverlo, pero no desvelan el final.
- En la actividad **5d** trabajaremos en grupo. Antes de comenzar con la actividad, lea con los alumnos los tres aspectos que tienen que ser analizados y aclare las posibles dudas. Pídales que escojan uno de los aspectos y deles un par de minutos para prepararlos antes de hacer el visionado. Dígales, por ejemplo, que busquen o piensen cómo pueden describirse los aspectos mencionados y si es necesario, dígales que busquen en el diccionario. Deles algunos ejemplos en la pizarra.

La melodía que acompaña a la película es suave.
En la película hay muchos primeros planos.
Los protagonistas hablan muy deprisa.
La dicción de la chica no es muy buena.

Ampliación: anime a sus alumnos a ver la película en sus casas o a visitar la página web oficial alemana. Allí pueden alquilarla y visionarla. Una idea es que hicieran un video club en sus casas. En la página de la distribuidora alemana www.el-olivo-film.de se dispone además de material en formato PDF para que la trabajen de forma más intensa. Este material lo encuentra bajo http://www.el-olivo-film.de/downloads/artwork-texte/El_Olivo.pdf.

Observación: si quiere introducir a la autora antes de pasar a la siguiente actividad, puede proponer a los alumnos que realicen la actividad siguiente.

→ Ejercicio 7, pág. 132.

6 Una reseña

Objetivos
» Comprender una breve reseña sobre una película

6a

• Explique a sus alumnos que en esta actividad se trabajará con el tipo de texto *reseña*. Antes de empezar a leer pregúnteles qué es una reseña, para qué sirve, si ellos suelen leer reseñas antes de ver una película y si lo hacen dónde las leen y qué longitud suelen tener. Seguramente le dirán que suelen leerlas en el periódico, pero también en la red y que la longitud depende del medio y de quién las escribe. Apunte en la pizarra estas preguntas y las respuestas que le vayan dando.

¿Qué es?
¿Para qué?
¿Qué longitud tienen?
¿Dónde aparecen?

• Ahora pase a explicar que aquí se trabajará con reseñas breves que suelen recogerse en páginas web dedicadas al mundo del cine. Estas reseñas o críticas suelen recoger la opinión de críticos de cine de forma muy resumida. Diríjales ahora a las dos breves reseñas y pídales que realicen la actividad tal y como se les pide en el libro. Paséese por los grupos y vaya resolviendo las posibles dudas que vayan surgiendo.
• Después de haber marcado las valoraciones negativas y positivas, pídales que comparen sus resultados con un compañero/-a.

Ampliación: en el texto aparece léxico muy interesante relacionado con el cine de denuncia social, como es el de Icíar Bollaín. Pídales a sus alumnos que marquen aquellas palabras o expresiones relacionadas con este campo semántico. Deles para ello 2 minutos. Después, en el pleno, y tras comparar con su compañero/-a, ponen en común el resultado. Recoja en la pizarra las expresiones que han elegido. Esta actividad adicional será una buena oportunidad de tematizar la necesidad de trabajar el nuevo vocabulario de forma estratégica, además de poder aclarar posibles problemas de comprensión durante la lectura del texto.

temas de carácter social
violencia de género
privatización fraudulenta del agua
pérdida de valores
buenrollismo
...

6b

Tras este trabajo del texto, a los alumnos les resultará fácil realizar la actividad **6b**. Explique que en estos textos no siempre están suficientemente diferenciadas las tres partes de las que consta una reseña: introducción y resumen expositivo, comentario crítico y conclusión, ya que la brevedad de los mismos obliga en ocasiones al autor a condensar al máximo lo que quiere decir. Un ejemplo de ello es el texto número dos: “El olivo: las raíces mandan.”

Observación: antes de pasar a la actividad de escritura, sobre todo si usted piensa que debe ser realizada como tarea fuera del aula, puede remitir a los alumnos a las páginas 131 y 136 del **libro de ejercicios**. El ejercicio **5**, en concreto, es una reseña sobre la película aparecida en un periódico alemán. La actividad que proponemos es de mediación, en la que el alumno tiene que resumir en español, las valoraciones críticas y la conclusión final. En el ejercicio **6**, en cambio se ofrece una valoración oral de una película de Almodóvar. Ambas actividades pueden resultar útiles como preparación para el apartado **Escribimos.**

→ Ejercicios 5 y 6, págs. 131-132.

Escribimos

Objetivos
» Escribir una reseña crítica

a/b/c

• En el caso de que decida realizar la actividad en clase, proponemos que los alumnos trabajen en pequeños grupos. Pídales que se pongan de acuerdo en una película que quieran reseñar y después hagan una lluvia de ideas a partir de las preguntas que se les propone en la actividad **b**. Las respuestas a estas cuatro preguntas les ayudarán, fundamentalmente, a elaborar el comentario crítico y la conclusión.

Después recuérdeles la estructura de este tipo de texto trabajada en la actividad **6b** (introducción y/o resumen expositivo, comentario crítico y conclusión). Recuérdeles el esquema en la pizarra para que les resulte más fácil su redacción.

1. Introducción y/o resumen expositivo
2. Comentario crítico
3. Conclusión

- Recoja las reseñas elaboradas por los estudiantes y vuelva a repartirlas en el aula, de tal forma que cada grupo reciba el texto de otros compañeros.

d

- Pídales a los grupos que lean las reseñas de los compañeros y, en el caso de haber visto la película, que discutan entre ellos su opinión sobre la misma, y en el caso contrario, si les provocó ganas de verla. Con esta lectura colectiva de las reseñas, le dará un valor adicional a la actividad de escritura.
- Si tiene un grupo acostumbrado a trabajar de forma colaborativa, puede incluso pedirles que realicen una corrección de la actividad de escritura utilizando los símbolos de corrección que encontrará en nuestra página web, en concreto en: https://www.hueber.de/universo-ele/unterrichten/downloads.

11B VALE

- Lea con sus alumnos los objetivos marcados en esta primera doble página **B**. Recuérdeles que este apartado **B**, al igual que el **A**, consta de dos dobles páginas y se cierra con una actividad en grupo, **NUESTRO PROYECTO**.
- En esta segunda parte de la unidad, trataremos géneros textuales como son el artículo periodístico, el anuncio publicitario de corte cinematográfico y la entrevista. Al final, en la actividad **NUESTRO PROYECTO** los alumnos elaborarán un *Branded Content* para una marca de cerveza de su país y la presentarán al concurso de la clase.

7 Cine y publicidad

Objetivos
» Hablar de la industria del cine y de la publicidad
» Adquirir léxico especializado sobre el tema del cine y la publicidad

7a

- En la actividad **7a** el alumno se adentrará en el tema del anuncio publicitario desde su propia experiencia. Antes de comenzar con el punto **7a**, revise con sus alumnos el léxico del que deberán partir para realizar la actividad que se les pide en el libro: hablar de un anuncio que recuerden. Son casi todas palabras que se relacionan con características propias del cine y la publicidad. Escriba las palabras en la pizarra y pida a la clase que las pongan en relación con otras que ya conocen o intenten formar palabras nuevas a partir de estas. De esta manera les estará ayudando de forma estratégica a fijar, consolidar y ampliar su léxico. Por ejemplo:

iluminación: *luz, iluminar, …*
decorado: *decorar con, …*
banda sonora: *música, canción, …*
vestuario: *vestido, ropa, vestirse, …*

- A continuación realice la actividad tal y como se describe en el libro. Los alumnos pueden tomar como punto de partida el diálogo modelo utilizando estos conceptos para la descripción del anuncio elegido. Propóngales que utilicen el móvil para grabar su conversación, de esta manera estarán más motivados.
- Después deles un par de minutos para comparar con sus compañeros/-as y asegurarse de que tienen lo mismo. Pregunte si han surgido dudas al resolver la actividad.

7b/c

- En la actividad **7b** se presentan de nuevo una serie de características relacionadas con el mundo cinematográfico y/o publicitario. Proceda de nuevo como en la actividad anterior. Revise con sus alumnos los conceptos para asegurarse de que los entiendan y pídales que los clasifiquen tal y como se propone en el libro. A veces la clasificación no será tan clara, pero de esta manera les estaremos introduciendo en el tema del texto: las incursiones del cine en el mundo de la publicidad.
- Una vez realizada la actividad, pase al punto **7c**. En este texto se profundiza más en el tema. Comience leyendo el título con sus estudiantes y pregúnteles por qué piensan que el autor habla de “renovar un matrimonio”. Aquí, evidentemente, la expresión no tiene un sentido literal, sino figurado. Después pase a explicarles un poco el contenido del texto. En este se habla del tipo de colaboración que el cine y la publicidad han mantenido, los beneficios que esta ha reportado y reporta todavía, y el tipo de relación

que el cine y la publicidad mantienen en la actualidad. Una vez explicado esto, les resultará más fácil trabajar el texto. Pídales que lo lean y busquen más argumentos que sustenten estas ideas. Para facilitarles la lectura y estructurarla, puede proponerles que intenten resumir con sus propias palabras el contenido de cada párrafo en una o dos frases. Esta lectura la realizarán de forma individual. Después intercambiarán sus anotaciones con su compañero/-a y pondrán en común los resultados en el pleno de la clase. Tome notas en la pizarra.

***1er párrafo**: El cine y la publicidad llevan décadas trabajando juntos. La publicidad ha utilizado el cine para vender sus productos, pero no por motivos artísticos.*

***2º párrafo**: Existe un nuevo formato que consiste en hacer películas que cuentan historias para vender un producto. A este formato lo llaman "dramanegement movies".*

***3er párrafo**: Gracias a este tipo de colaboración las marcas publicitarias obtienen beneficios y el cine obtiene financiación para producir nuevas películas. Existen dos tipos de colaboración son: "product emplacement" y "branded content". El segundo lo utiliza Woody Allen.*

***4º párrafo**: También en el cine español se hace, pero solo funciona cuando es arte.*

- Después de haber trabajado el texto, pida a sus alumnos que busquen las palabras extranjeras que se utilizaron.

7d/e

- Una vez buscadas las palabras, pida a sus alumnos que las definan, en el texto encontrarán los términos para hacerlo.
- Realice la actividad **7e** tal y como se propone en el libro.

→ Ejercicio 8, pág. 133.

8 Vale

Objetivos
» Analizar un video de publicidad *branded content*

8a/b

- Introduzca primero la actividad y pregunte a los alumnos por qué piensan que la campaña publicitaria se llama "Mediterráneamente" y el vídeo en concreto tiene el título de "Vale".
- Después pase a la actividad **8b** y al visionado del cortometraje, también puede pedirles que lo vean en sus móviles o tabletas. El enlace lo encontrará bajo la plataforma YouTube: https://youtu.be/6jlQiwcsV9Q y es fácil de encontrar bajo las claves "Vale Amenábar". El vídeo tiene una duración de 12 minutos.
- Prepare previamente con los alumnos los objetivos que tendrán que cumplir en este primer visionado. Escriba en la pizarra.

Comprobar sus respuesta en 8a: producto y título
Personajes: clase social, edad y físico.

- Después de visionar el vídeo se intercambian sus respuestas en pequeños grupos. Pregúnteles si hubo algún problema de comprensión del cortometraje.

8c/d

Realice las actividades en pequeños grupos tal y como se indica en la instrucción. Paséese por la clase mientras realizan las actividades y aclare las posibles dudas.

→ Ejercicio 9, pág. 133-134.

9 ¿Eres un/a perfecto/-a cinéfilo/-a?

Objetivos
» Describir las escenas y los personajes de un cortometraje » Uso de las oraciones de relativo con preposición

9a/b

- Pida a sus estudiantes que lean las frases de **9a** donde aparecen comentarios de espectadores después de haber visto el cortometraje. Pida que los completen. El trabajo se realizará en parejas.
- Para realizar esta actividad podría ser útil volver a ver el vídeo.
- Una vez que han completado las frases, nos centraremos en el análisis de la forma. En estas frases el hablante ha especificado una información y para ello necesita valerse de una oración introducida por los pronombres relativos *que, el/la/los/las, cual/es* o *donde*. Proceda como en otras ocasiones, pídales que piensen como lo dirían en su propia lengua y pregúnteles por qué piensan que además del pronombre aparece una preposición en casi todas las ocasiones. Si no consiguen darle una respuesta, escriba en la pizarra un ejemplo. Así podrán entender mejor que la

preposición aparece cuando lo requiere el verbo de la subordinada.

El personaje con el que peor congenia Víctor es...
Víctor congenia mal con XX.

- Pase a leer luego con sus estudiantes el contenido de la caja amarilla.

Observación: para reforzar este nuevo contenido gramatical puede remitir a sus alumnos a la actividad **1** del apartado **Mis recursos** en la página 64, y en concreto a las actividades **a** y **b**. Además, a partir de este ejercicio, tendrán oportunidad de conocer algo más de la cerveza *Damm*.

9c

Deje que realicen la actividad en parejas y recuérdeles que sería importante que utilizaran las oraciones relativas con preposición. Puede dejar que hagan primero el ejercicio por escrito y luego se intercambien las frases.

→ Ejercicios 10-14, págs. 134-136.

10 El suspense en el cine de Amenábar

Objetivos
» Comprender una entrevista escrita sobre cine
» Expresar la causalidad

10a

- Introduzca al director del cine del que nos ocuparemos en esta actividad: Alejandro Amenábar, es junto a Pedro Almodóvar, Guillermo del Toro y Juan Antonio Bayona, uno de los directores más conocidos del cine en español. Alejandro Amenábar es de origen chileno, pero se estableció en España con su familia siendo un niño.
- En esta actividad el alumno leerá una entrevista sobre el cineasta Amenábar donde explica los motivos de su éxito. Deje que lean en primer lugar las preguntas y aclare dudas. A continuación, de forma individual relacionan las preguntas con sus respuestas.

Ampliación: antes de pasar a la actividad siguiente, trabaje el léxico de este texto. Proceda como en otras ocasiones: proponga que marquen todas las acciones que guarden relación con el mundo del cine y después, en pequeños grupos, pongan en común sus resultados.

ser creativo, ver la televisión, ganar un premio, género, adquirir derechos de películas, convertirse en director, convertirse en protagonista, tener éxito, rodar películas en inglés, rodar con estrellas

10b

En el punto **10b** tendrán que prestar atención a la forma, en concreto a cómo se expresa la causalidad en español. Deje que realicen la actividad como se propone en el libro. Pase después a leer la tabla con sus alumnos y aclare las dudas que puedan surgir. En el caso de que deseen profundizar en el tema, puede comentarles que en la página 172, en el apéndice gramatical, encuentran explicaciones adicionales que les ayudarán a sistematizar el uso de las oraciones causales.

Observación: para consolidar este nuevo tema, diríjales a las actividades **2** y **3** de **Mis recursos**, en la página 65.

10c

Pídales que de forma individual lean los recursos cinematográficos que se presentan para aumentar la tensión de los espectadores y elijan aquellos que en su opinión son los más eficaces. Todos son habituales en las películas de terror o de suspense, sin embargo deberán elegir aquellos que son más efectivos, y sobre todo argumentar porqué es así. Después realizarán su intercambio en parejas.

10d

- El punto **10d** tiene como objetivo introducir la actividad **11** donde trabajaremos con el sentimiento del miedo o suspense, habitual en las películas de Amenábar. Le aconsejamos convertir una parte de esta actividad en un ejercicio de escritura. Para ello prepare previamente a los estudiantes: tras la lectura de la instrucción de forma conjunta, revise con ellos los sentimientos y sensaciones que aparecen en las cajitas verdes (sudar, temblar, tener las manos frías, etc.). Aclare las posibles dudas.
- A continuación repase nuevamente con ellos los interrogantes que se plantean y apúntelos de forma resumida en la pizarra.

1. *Sensaciones asociadas con el miedo.*
2. *Lista de películas de suspense o terror que conoces.*
3. *Relacionar las películas con los sentimientos.*
4. *Escena más impactante*

La pregunta número 1 podría realizarse en clase. Las preguntas 2, 3 y 4 le recomendamos que sean tema de la actividad de escritura. Si tiene una plataforma de aprendizaje, puede pedirles esta actividad como trabajo fuera de casa y que luego la cuelguen en la plataforma.

→ Ejercicios 15 y 16, págs. 136-137.

11 A flor de piel

Objetivos
» Describir los sentimientos que produce el miedo
» Reaccionar al relato de una anécdota

11a/b

21–23

- Realice la actividad **11a** siguiendo las instrucciones del libro. Para estructurar mejor las preguntas, escríbalas en la pizarra. Pídales que primero lean los diálogos y contesten a la pregunta número 1. A continuación pasarán a escucharlos. Adviértales de que los diálogos son algo más largos y completos que los que están impresos en esta página, por eso los escucharán dos veces. En la primera audición se fijarán en el orden en que se escuchan y en la segunda tendrán que indicar cuál es el motivo por el que las personas han sentido miedo. Proceda como en otras ocasiones, es decir, tras cada escucha deje que en parejas comparen lo que han entendido. De esta manera fomentará el espíritu colaborativo en clase y la competencia estratégica auditiva: el alumno no solo escucha para resolver un ejercicio sino que también tiene que esforzarse en entender para transmitir la información a otra persona.

1. ¿En qué diálogo la palabra miedo tiene otro significado?
2. ¿En qué orden escuchamos los diálogos?
3. ¿De qué hablan? ¿Por qué tienen miedo?

- Tras asegurarse de que sus respuestas son correctas, pregunte si les ha surgido alguna duda, es posible que no hayan entendido todas las expresiones porque algunas de ellas son de tipo metafórico y no pueden traducirse de forma literal.
- Pase ahora a la actividad **11b** y pídales que con su compañero/-a señalen las expresiones en las que aparece una parte del cuerpo. Luego, pida a un/a estudiante que salga a la pizarra y las escriba: *¿cuáles de ellas tienen un sentido figurado?* Seguramente le dirán que claramente las expresiones 1, 2 y 4.

1. El estómago se me encogió.
2. Los pelos del cogote se pusieron de punta.
3. Un escalofrío me recorrió la espalda.
4. El corazón se me subió a la garganta.
5. Podía sentir los latidos de mi corazón.

Ampliación: para ayudarles a memorizar las expresiones, puede hacer la siguiente actividad: pida cinco voluntarios que quieran representar con gestos o mímica estas expresiones. El resto de los compañeros tendrán que adivinar la expresión representada.

11c

- Deles primero un par de minutos para que ordenen sus ideas y tomen notas en un papel antes de pasar a interaccionar con un/a compañero/-a.
- Ahora lea con ellos el modelo de lengua y diríjales a la cajita amarilla donde se les dan algunos recursos para reaccionar al relato. Anímeles a utilizar estos y otros que conozcan.
- Propóngales que mientras hablan, graben sus interacciones, de esta forma estarán más atentos.

Alternativa: si quiere darle a la actividad un carácter más lúdico, puede sugerir un juego de roles. Como en la propuesta anterior deles un par de minutos para poner sobre un papel la experiencia que quieren contar. Después pídales que le entreguen los papelitos, y usted vuelve a repartirlos en clase. En parejas representarán la situación que les ha tocado mientras su compañero/-a reacciona.

NUESTRO PROYECTO

» Organizar y llevar a cabo un concurso de *Branded content*

a/b/c

Realice la actividad como se propone en el libro. Si no tiene tiempo en clase, puede proponerles que hagan las fases **a** y **b** fuera del aula. Anímelos a presentar su proyecto de la forma más atractiva posible ya que se trata de crear un anuncio publicitario. Para ello pueden utilizar fotos, música, etc. y apoyarse en herramientas ofimáticas, como una PowerPoint®.

→ Ejercicios 17, 18 y 19, págs. 138-139.

MIS RECURSOS

Usted puede optar por realizar estas actividades en clase, en el lugar recomendado en esta guía y a continuación de la actividad en la que se trató el tema, o proponerlas como trabajo autónomo fuera del aula. Dependerá de las necesidades de su alumnado y también del tiempo de que disponga.

CULTURA

Objetivos
» Presentar el Mediterráneo en la música

a/b

24

- Las actividades **a** y **b** le servirán para introducir al cantante *Joan Manual Serrat* y su famosa canción "Mediterráneo", que se ha convertido en un clásico versionado por diferentes músicos. Realice la actividad **a** como se propone en el libro.
- Antes de poner el texto auditivo describa el contexto: dos periodistas (hombre y mujer) charlan en un programa de radio sobre la historia de esta canción. En la actividad **b** escucharán la primera parte de esta charla.
- Ponga el audio y pídales que escuchen y tomen nota de lo que entienden. Después comparan con un/a compañero/-a y vuelven a escuchar para reajustar, corregir y ampliar la información. Luego comparan la información obtenida con sus respuestas en **a**.

c

25

- En la segunda parte de la entrevista, se hablará sobre la repercusión de esta canción en el presente. Proceda como en la primera parte: deje que escuchen dos veces, tomen notas y comparen con su compañero/-a.
- Una vez realizada la audición, contestan las tres preguntas que se les plantean. Recójalas luego en el pleno de la clase. Deténgase especialmente en la diferencia entre las dos imágenes del Mediterráneo que se han dado en esta unidad: la imagen positiva, vitalista y optimista de Amenábar, frente a la imagen también vitalista, pero más melancólica y menos optimista en la actualidad de Serrat.

d

En el punto **d** los alumnos tienen la oportunidad de trabajar con el texto de la canción. Si tiene la posibilidad, lleve la música a clase o deje que sus alumnos la escuchen en sus móviles. Una buena posibilidad sería utilizar una de las últimas versiones de la canción en la que interviene el propio Joan Manuel Serrat junto a muchos otros cantantes españoles. Esta versión la encuentra fácilmente en la plataforma YouTube bajo el enlace https://youtu.be/HMMoPCYWobw.

- Después pase a trabajar la letra como se propone en la instrucción del ejercicio, es decir, marcando las expresiones o palabras que aluden a los tres temas fundamentales de la canción: la infancia, el mar y el propio autor. Paséese por la clase durante la actividad, que aconsejamos se realice en pequeños grupos, por si hay preguntas de léxico. El texto utiliza un lenguaje poético, por lo que quizás los alumnos necesiten su ayuda.

e

La actividad **e** podría convertirla en un nuevo miniproyecto de clase. Disponga en su plataforma de aprendizaje, en el caso de tener una disposición, un espacio para que sus estudiantes cuelguen las canciones que han producido. Como alternativa para aquellos grupos menos dados a la creatividad, puede proponerles que busquen canciones similares a la de *Joan Manuel Serrat*, es decir, que hablen de la infancia o juventud y de un paisaje conocido. Seguro que las encuentran.

12

América Latina ayer y hoy

PORTADA

Objetivos
» Presentar los objetivos comunicativos de la unidad y el proyecto que se realizará al final de la misma
» Presentar a partir de un impulso visual y una nube de palabras vocabulario relativo a uno de los temas que se tratarán en la unidad: los movimientos revolucionarios

Antes de comenzar con las actividades de esta página, dirija la atención de sus estudiantes hacia el título de la unidad "América Latina ayer y hoy" y pregúnteles con qué lo asocian. Para ello escriba en la pizarra las palabras *ayer* y *hoy* y vaya recogiendo todo lo que le digan. Ayúdeles a formular sus ideas en el caso de que sea necesario. Después explique que en esta unidad se hará un acercamiento a América Latina desde la historia y el desarrollo sociopolítico y económico del continente. Lea después con ellos los objetivos de aprendizaje que se presentan, así como las tareas que realizarán en la unidad.

a/b

- Realice la actividad como se propone en el libro. Para ello deje que en pequeños grupos lean el vocabulario que aparece en la nube de palabras. Gran parte del léxico que se presenta es transparente y los alumnos no tendrán dificultad en reconocerlo, otras palabras, sin embargo, serán desconocidas. Pídales que se concentren en las que no conocen y pregunten a sus compañeros por el significado. Después interaccionarán en pequeños grupos siguiendo el modelo que aparece en la actividad.
- Pase ahora al trabajo con las imágenes como indica la actividad **b**. Las fotos en concreto hacen referencia a las revoluciones cubana, zapatista (México), francesa y sandinista (Nicaragua). Como sus alumnos son muy jóvenes, tendrá que tener en cuenta que especialmente las tres revoluciones latinoamericanas, sobre todo la zapatista y la sandinista, posiblemente no las conozcan. Propóngales que busquen en Wikipedia los datos fundamentales. Escriba en la pizarra el siguiente esquema, de tal manera que puedan sistematizar la información. Después pídales que en pequeños grupos vayan completando el esquema, como en el ejemplo.

	Nicaragua
FECHA	*julio de 1979 - febrero de 1990*
PROTAGONISTAS	*Frente Sandinista de Liberación Nacional.*
CAUSAS	*Había una dictadura, la de la familia Somoza, que gobernó el país entre los años 1934 y 1979.*
OBJETIVO	*Derrocar a Anastasio Somoza Debayle y establecer un gobierno democrático de perfil progresista de izquierda.*

- Después de haber trabajado en grupo sobre el contenido de las fotos, les resultará más fácil negociar las palabras que mejor definen cada movimiento. Después presente el resultado en el pleno y tome notas en la pizarra.

12A ¿HACIA UN MUNDO MEJOR?

Antes de pasar a la primera actividad de esta parte de la unidad, deténgase en los objetivos que se marcan en estas cuatro primeras páginas del apartado **A.** A continuación puede resumir brevemente el contenido que se presentará: comprender breves textos sobre acontecimientos históricos, hacer hipótesis sobre hechos pasados, tomar notas en una ponencia, comprender artículos especializados sobre un tema previamente conocido.

1 Revoluciones

Objetivos
» Comprender breves apuntes sobre acontecimientos históricos » Comentar y cuestionar información » Correlaciones temporales: uso del *imperfecto* y del *pretérito pluscuamperfecto de subjuntivo*

1a

- En esta actividad les presentaremos tres hechos históricos de corte revolucionario: la revolución francesa, la sandinista y la primavera árabe. Estas tres revoluciones tuvieron lugar en momentos diferentes (siglo XVIII, siglo XX y siglo XXI) y por tanto el contexto histórico y el léxico serán ligeramente diferentes. Esta es la razón de haber introducido otros acontecimientos que no guardan relación con América Latina, pero sí con el tema y que además no son desconocidos para los alumnos.
- Antes de pasar a realizar la actividad, lea con sus estudiantes las expresiones y palabras que aparecen en las cajitas naranjas y asegúrese de que sus alumnos las entienden. Después de forma individual leen los textos y tratan de completarlos con el vocabulario trabajado.
- Una vez realizada la actividad, indíqueles que comparen en pequeños grupos los resultados y traten también de resolver las posibles dudas de vocabulario y comprensión planteadas durante la lectura del texto. En el caso de que no puedan resolverlas en los grupos, pídales que pregunten en el pleno.

Ampliación: hasta este momento han visto ya bastante léxico relacionado con el campo de la política y la economía. Aproveche para realizar una sistematización del mismo. Pida a sus alumnos que trabajen de nuevo en grupos de tres: cada estudiante se hará cargo de un texto y su tarea será marcar y clasificar el vocabulario que en él aparece. Puede ayudarlos escribiendo en la pizarra algunos conceptos, pero deje, de todos modos, que ellos también creen los suyos. Por ejemplo:

economía	*política*	*sociedad*
malas cosechas ...	*la Ilustración* ...	*feudal* ...

1b

- En la actividad **1b** introducimos la función comunicativa de comentar un hecho desconocido a partir de lo que han dicho tres estudiantes sobre la información leída en **1a**. Deje que los alumnos lean de forma individual los tres comentarios y realicen la actividad como se anuncia en el libro. Recoja después en la pizarra la solución y marque las formas verbales.

Yo no sabía que la burguesía hubiera empezado la Revolución francesa.
Desconocía que había tanta brutalidad policíaca.
Ignoraba que los egipcios reivindicaran un sueldo mínimo.

- Explique a sus alumnos que después de estas matrices (no sabía que, desconocía que, ignoraba que...) el hablante utilizará el modo subjuntivo o indicativo dependiendo de lo que quiera expresar. Si quiere cuestionar la información hará uso del modo subjuntivo, y si por el contrario solo quiere declarar una información, el tiempo utilizado será en el modo indicativo. Haga hincapié en que ambos modos son posibles, todo depende de la intencionalidad del hablante. Diríjales a la tabla que encuentran en la página de la derecha, y deje que la lean de forma individual. Allí también se explica cuándo utilizamos *el imperfecto* y cuándo *el pluscuamperfecto de subjuntivo*. De nuevo el uso de un tiempo u otro dependerá de la intencionalidad del hablante: si la acción o los hechos descritos los ve todavía como actuales, utilizará *el imperfecto*, si los ve como pasados, utilizará *el pluscuamperfecto de subjuntivo*. Revise también la formación morfológica de este tiempo verbal y dígales que, con esta, ya conocen todas las formas verbales del español.

Observación: para profundizar en este nuevo tema gramatical le recomendamos que dirija a sus alumnos a la actividad **1** del apartado **Mis recursos**, página 76.

1c

Realice la actividad como se anuncia en el libro. Deje un poco de tiempo para que sus alumnos puedan preparar la información que quieren compartir con sus compañeros.

1d

Proponemos realizar la actividad en pequeños grupos. De forma individual los alumnos se preparan las dos primeras preguntas: *¿qué otras revoluciones* *conocen?* y *¿cuándo tuvieron lugar?* Después le cuentan a sus compañeros lo que saben sobre ellas. Los otros dos estudiantes tendrán que comentar lo que desconocían. Anímelos a utilizar el móvil para grabar sus interacciones, de esta manera les motivará a estar atentos a lo que dicen.

→ Ejercicios 1, 2 y 3, págs. 140-141.

2 ¿Qué habría pasado si...?

Objetivos
» Evocar situaciones imaginarias en el pasado
» Oraciones condicionales hipotéticas en el pasado
» Uso del *pluscuamperfecto de subjuntivo* en las oraciones condicionales

2a/b

• En esta actividad vamos a imaginarnos que ciertos acontecimientos históricos no hubieran tenido lugar: *¿cómo sería el presente?* Esto es justo lo que expresan las oraciones que aparecen en la actividad. Tras relacionar los pares de frases como se indica en el ejercicio, deje que los alumnos en parejas comparen sus resultados.

• Pase ahora a explicar el uso del *pluscuamperfecto de subjuntivo* en estas frases condicionales hipotéticas. Para ello los alumnos tendrán que fijarse en los pares de oraciones que acaban de relacionar y ver cómo es la correlación temporal. Pídales que marquen las formas verbales, así les resultará más fácil completar la tabla. Déjeles que lean en silencio y de forma individual la información que aparece y completen. Después ponga en común los resultados y asegúrese de que han entendido el uso, para ello, escriba en la pizarra de nuevo la frase que aparece en la caja amarilla con sus dos posibles variantes y discuta con ellos si ven por qué en un caso la consecuencia de la condición (frase de si...) se expresa con el *condicional simple* y en el otro con el *condicional compuesto*.

Si los egipcios no hubieran salido a la calle...
... Mubarak todavía sería presidente (=ahora)
... no se habría producido la Primavera árabe.
(= entonces).

Observación: en el caso de que necesite reforzar este nuevo contenido antes de pasar a la siguiente actividad, puede remitir a sus alumnos a la página 76, ejercicio **2** de apartado **Mis recursos**.

• Pase luego a la actividad **2b** y deje que primero la hagan por escrito antes de pasar a la interacción.

→ Ejercicios 4 y 5, pág. 142.

3 Una ponencia

Objetivos
» Comprender una ponencia sobre un tema previamente conocido » Tomar notas

3a

• En esta actividad nos detendremos en una de las revoluciones más importantes del siglo XX en América Latina: la revolución mexicana. Antes de pasar a la audición en la actividad **3b** nos detendremos en algunos datos. En parejas sus alumnos leen las siete frases que aparecen en el libro. Asegúrese de que las comprenden. De las siete frases deberán identificar dos falsas, que en concreto, se refieren a la revolución cubana.

• Ponga en común los resultados en la clase y pase a continuación a la audición.

3b/c

26

• Proceda como en otras ocasiones y contextualice la audición: una profesora imparte una clase magistral sobre la revolución mexicana. Informe a sus estudiantes de que para realizar las actividades **b** y **c**, podrán escuchar la audición de dos a tres veces.

• En la primera audición deberán simplemente escuchar e intentar captar el máximo de información posible. Pida a sus estudiantes de que si es posible tomen notas sobre el tema. Después comparan con su compañero/-a y ponen en común lo que han entendido, para ello puede darles una guía en la pizarra.

FECHA	
CAUSAS	
PROTAGONISTAS	
CONSECUENCIAS	

• Vuelva a poner otra vez la audición, deje que escuchen de nuevo y comparen con lo que entendieron la primera vez. Ahora podrán completar, reajustar o corregir la información. Pídales de nuevo que comparen con su compañero/-a. Este trabajo en parejas, especialmente en audiciones tan largas y algo más complejas, es necesario para poder reconstruir la información. Además, este proceso es similar al que realizarían en la vida real donde también tras una clase magistral o ponencia, podrían poner en común sus apuntes con un/a compañero/-a.

- Tras esta segunda audición, pasaremos al punto **3c**. Lea primero con sus alumnos el enunciado y también el esquema que utilizó el estudiante. Este esquema es el llamado "método Cornell" de toma de apuntes. En nuestra página https://www.hueber.de/universo-ele/unterrichten/downloads encontrará una ficha que podrá bajarse para que los alumnos la puedan utilizar en la actividad **4b**. En este método se propone dividir la toma de apuntes en cuatro apartados: *las notas de clase, las dudas, las preguntas sobre el tema* (que tendrían que tener respuesta en las notas de clase) y por último, *el resumen*, que se hará posteriormente a la clase magistral.
- Una vez explicado esto, pase a la actividad. Asegúrese de que los estudiantes hayan entendido la instrucción. En la primera parte de la actividad, el/la estudiante tendrá que encontrar las tres anotaciones erróneas y corregirlas. Si necesita volver a escuchar el texto audio, ahora sería el momento de hacerlo. Si sus alumnos son capaces de resolver la actividad, puede pasar a realizar la segunda fase del punto **3c**: formular las preguntas sobre el tema y realizar un resumen a partir de los apuntes tomados.

3d

- Como esta tipología de texto es bastante compleja, y en realidad se trata de un texto que se mueve entre la oralidad y la escritura, le proponemos la lectura del mismo en la página 185, a la vez que lo escucha. A partir de esta lectura los alumnos tendrán que llevar a cabo un análisis de las estrategias discursivas utilizada por la ponente. Estas se corresponden a la lista de 5 puntos que encuentra en la actividad.
- Si no dispone de tiempo suficiente para realizar esta actividad en clase, puede proponerles que la hagan en su casa. El día después puede poner en común las respuestas.

4 En clase

Objetivos

» Tomar apuntes en una ponencia

4a/b/c

27

- En esta actividad tendrán oportunidad de poner en práctica la toma de apuntes. Para ello comience preparando a los alumnos a partir de las citas de Emiliano Zapata. Deje que las comenten en pequeños grupos: *¿Qué tipo de persona era Emiliano Zapata?, ¿Cuál era la causa de su revolución?, ¿Cuál era su objetivo?* Ponga en el pleno de la clase las opiniones de los diferentes grupos y tome nota de todo lo que digan en la pizarra. De esta manera creará expectativas y la audición resultará más fácil.
- Antes de comenzar a escuchar, reparta la ficha de trabajo "Método Cornell" (http://lsc.cornell.edu/notes.html). Ponga la audición una primera vez y pídales que intenten tomar notas de lo que van entendiendo. Después comparan sus anotaciones con otro/-a estudiante y las completan o corrigen. En el caso de que vayan surgiendo dudas, pídales que las anoten también en la casilla correspondiente.
- Ponga de nuevo la audición con el fin de que puedan completar sus notas. De nuevo vuelven a comparar con su compañero/-a. Al final pídales que resuman y escriban las ideas principales de la ponencia.
- Si el tema ha despertado interés en la clase, puede proponer que intercambien sus opiniones, tal y como se propone en la actividad **4c**.

→ Ejercicios 6, 7, 8 y 9, págs. 143-145.

5 ¿Hacia un mundo mejor?

Objetivos

» Comprender un texto expositivo sobre dos culturas indígenas en América Latina » Preparar el tema de la actividad de escritura (Escribimos) de esta parte de la unidad

5a

Sus estudiantes poseen con seguridad muchos conocimientos previos sobre el tema. Aprovéchelos para motivarlos incorporando todo lo que ellos ya saben a la realidad del aula. Puede comenzar haciéndoles una serie de preguntas que anotará en la pizarra. Deje que se intercambien y luego expongan sus resultados en el grupo mientras usted va tomando notas.

¿Qué culturas indígenas conoces?
¿Dónde viven?
¿A qué se dedican? ¿Cómo viven?
¿Con qué problemas se enfrentan?

5b

- Antes de leer pídales que se fijen en los títulos y las imágenes. Guíeles con las preguntas: *¿qué les sugieren?, ¿dónde viven?, ¿a qué se dedican?, ¿cómo viven?* y *¿con qué problemas se enfrentan?*
- Después en parejas leerán los textos. Pida que cada estudiante se encargue de un texto y que intente contestar las preguntas anteriores, es decir, dónde viven, cómo viven y qué problemas tienen. Después tendrá que contar a su compañero/-a de mesa lo que ha entendido. Pídales que tomen notas y hagan una lista de los problemas.

5c/d

Le aconsejamos que planifique estas dos actividades para la próxima clase. Pida a sus alumnos que vuelvan de nuevo a la actividad **5a** y elijan una de las culturas indígenas que se mencionaron. Después pídales que busquen información en la red. Puede dirigirles a la siguiente dirección en Internet https://es.unesco.org/indigenous-peoples para completar la actividad ya que allí se dan propuestas y medidas para la solución a una parte de los problemas. Al día siguiente podrían preparar en pequeños grupos un documento con las causas y sus propuestas.

Escribimos

Objetivos
» Tomar apuntes y resumir una ponencia

a/b

28

En esta actividad de nuevo se les da oportunidad de practicar la toma de apuntes que ya hicieron en la actividad **4**, de la página 70. Si no tiene tiempo de realizarla en clase, es una excelente oportunidad de convertir la tarea de escritura en una tarea para casa. Los alumnos ya saben qué técnicas emplear para tomar apuntes y pueden descargarse de nuevo la ficha del "Método Cornell" para realizar la actividad.

12B AMÉRICA LATINA HOY

- Lea con sus alumnos los objetivos marcados en esta primera doble página **B**. Recuérdeles que este apartado **B**, al igual que el **A**, consta de dos dobles páginas y se cierra con una actividad en grupo,

NUESTRO PROYECTO.

- En esta segunda parte de la unidad trataremos dos tipologías textuales: el texto argumentativo, en concreto un extracto de un trabajo de investigación y la presentación oral. Al final, en la actividad **NUESTRO PROYECTO,** los alumnos realizarán una presentación sobre un aspecto de la actualidad latinoamericana.

6 Latinoamérica y la globalización

Objetivos
» Comprender un texto argumentativo y su estructura » El uso de las nominalizaciones en este tipo de texto » Vocabulario relacionado con el tema globalización

6a/b

- Pídales que formen grupos de tres o cuatro personas y hagan una lluvia de ideas sobre las ventajas y las desventajas de la globalización teniendo en cuenta los aspectos que se mencionan. Paséese por los grupos para ayudarlos en las dudas que se les puedan plantear.
- Después de que hayan hecho la lluvia de ideas, pídales que se pongan de acuerdo en la mayor ventaja y desventaja, y que la presenten en clase. Para ello tienen una muestra de lengua: *Hemos llegado al acuerdo de que... Por unanimidad hemos decidido que...*

6c

- Antes de comenzar, proceda a la lectura de las preguntas con sus estudiantes y luego apunte en la pizarra la información que tendrán que buscar en el texto.

Aspectos positivos de la globalización
Aspectos negativos de la globalización
Tesis y argumentos

- Pida a sus alumnos que hagan una primera lectura con el objetivo de comprender las ideas principales del texto. En una segunda lectura buscarán información que dé respuesta a las cuestiones que usted ha escrito en la pizarra.
- Después intercambian sus resultados en el pleno de la clase.
- Antes de seguir con la siguiente actividad donde trabajaremos cómo se cohesiona este tipo de texto, pida a sus alumnos que vayan a la página 73 y lean la

caja amarilla que explica la macroestructura de esta tipología textual. Indíqueles que busquen esta estructura en el texto y escriba en la pizarra lo que le mencionen los alumnos.

Inicio	*Hasta línea 14*
Cuerpo	*Línea 15 hasta línea 57*
Final	*Línea 58 hasta línea 69*

Ampliación: como aquí se emplea mucho léxico relativo a la economía, pida a sus alumnos que hagan una lista de todos aquellos sustantivos que sirvan para describir acciones e intenten buscar su verbo correspondiente. Por ejemplo:

análisis → analizar *inserción → insertar*
repercusión → repercutir *esfuerzo → esforzarse*
liberalización → liberarse *aumento → aumentar*
...

6d/e

- En las actividades **6d** y **6e** seguiremos trabajando con el texto, pero esta vez nos centraremos en los aspectos más formales, en concreto, en los conectores usados y en el uso de la nominalización. En primer lugar, completarán la caja donde se les piden los conectores. Para ello pídales que vuelvan a hacer una lectura del tema y que marquen todos los conectores que sirven para cohesionar el texto. Después en parejas comparan y los clasifican en la tabla. Ponga en común los resultados en la pizarra.

Organizar el texto o información	*En primer lugar, en segundo lugar, en resumen*
Expresar consecuencia	*Así, de ahí*
Expresar contraste	*Sin embargo, aunque*
Focalizar o explicar	*Esto es*

- Pase a continuación a leer con sus alumnos la información contenida en la caja "La atenuación", resuelva las dudas que se puedan plantear y pídales que de nuevo busquen en el texto cómo la autora consigue poner en práctica estrategias de atenuación de la información. Escriba luego en la pizarra los resultados que le vayan indicando los alumnos.

1. *a pesar del optimismo que puede desprenderse (líneas 58-59).*
2. *... tendrían que corregirse... (línea 68)*
3. *... en gran medida... (línea 47), ... en muchos casos... (línea 52)*
4. *frecuentemente (línea 53),*
5. *... entre otras cuestiones... (línea 19).*

- En el punto **6d** nos detendremos en el uso de las nominalizaciones. Si usted realizó la actividad de ampliación que le propusimos en el ejercicio **6c**, entonces les resultará fácil a los alumnos resolver la actividad. Deles un par de minutos para buscar en el texto el sustantivo correspondiente a la acción que se describe y anote luego en la pizarra el resultado como sigue:

1. *...se ha esforzado en ... → línea 16: el esfuerzo*
2. *...a que mejore... → línea 23: a la mejora*
3. *...ha contribuido → línea 26: la contribución*
4. *... han aumentado → línea 30: el aumento*

Observación: si quiere profundizar en el tema, puede ir a la página **Mis recursos**, actividad **3**.

→ Ejercicios 10-14, págs. 145-149

7 La mujer en Latinoamérica hoy

Objetivos
» Comprender una presentación oral » Uso de *ser* y *estar* en las oraciones pasivas de proceso o resultado

7a

- Lea la instrucción con sus alumnos y pase a la lectura de los conceptos. Aclare las posibles dudas de léxico que puedan surgir. Preste especial atención a conceptos todavía no conocidos por el estudiante, como son "violencia de género" o "pilar de la familia".
- Después deje que en parejas realicen la actividad como se indica en el libro utilizando el modelo de lengua que se les da: *lo de... hace referencia a... por ejemplo...*

7b

- Tómese el tiempo necesario para descifrar el dibujo preparado por una estudiante para su presentación. Deje que en pequeños grupos discutan sobre los aspectos de **7a** que aparecen reflejados en el dibujo. Posiblemente tendrá que explicar el cartel *¡Ni una más!* Este hace referencia a un movimiento contra la violencia de género surgido en América Latina (*Ni una menos*) como consecuencia de la violencia ejercida hacia las mujeres. Este movimiento se ha extendido ya por muchos países del mundo y especialmente en España e Italia se le conoce por la consigna (*Ni una más*)

- Pase después a los adjetivos de la derecha y pida a sus estudiantes que los pongan en relación con los contextos que aparecen en el dibujo, es decir, *trabajo → buena gestora*, por ejemplo.

29
7c

- Proceda como en otras ocasiones con la audición. Presente primero el contexto: una estudiante realiza una presentación sobre el papel de la mujer en América Latina. Explíqueles también que tendrán ocasión de escuchar dos veces el texto audio.
- Deje que los alumnos escuchen una vez y tomen nota de lo que entiendan. Después comparten la información con un/a compañero/-a de clase. Ponga el texto audio una segunda vez para confirmar, reajustar o corregir sus anotaciones y pida a su alumno/-a que vuelva a compartir lo que han entendido con su compañero. Después podrá con seguridad responder a lo que se les pregunta en **7c**.

7d

Pase ahora a la lectura del texto en la página 187 y si sus alumnos así lo piden, ponga el audio, aunque para realizar la actividad no es necesario. Pídales que busquen las expresiones que la estudiante utiliza para realizar las siguientes funciones comunicativas. Ponga los resultados en común en el grupo.

7e

Pídales ahora una valoración de la presentación. Para ello discutirán en pequeños grupos. Es importante que argumenten sus respuestas, por ejemplo, puede pedirles que valoren si la estructura y la dicción eran claras.

7f

Para contestar esta pregunta, puede poner de nuevo la audición o pedirles que simplemente busquen cómo se dice en el texto. Pregúnteles si aprecian una diferencia entre usar el verbo *ser* o *estar*, y si es así que la expliquen. Después diríjales a la caja amarilla de la derecha.

Observación: para reforzar este contenido puede dirigir a sus alumnos al ejercicio **4** de **Mis recursos**, página 77.

→ Ejercicios 15 y 16, págs. 149-151.

8 Problemas con la presentación

Objetivos
» Expresar involuntariedad » uso de los pronombres de objeto indirecto

30-33
8a/b

Posiblemente no será necesario que escuche la audición las dos veces ya que se trata de textos muy breves. Lea con sus alumnos las frases antes de realizar la audición. Es posible que ya les llame la atención el uso de los pronombres "se me" en dos de las frases. Si es así, puede remitirles a la caja sobre la "involuntariedad" y leer con ellos la explicación. En el caso de que no sea necesario, espere a haber realizado la actividad **8a** y preste atención a este contenido como se propone en el libro, es decir, en el punto **8b**.

Observación: para reforzar este contenido puede remitirles a la página de **Mis recursos**, ejercicio **5**.

8c

En parejas, anime a sus alumnos a contarse situaciones que hayan vivido durante una presentación, seguramente que tendrán muchas anécdotas. Para estimularles a hablar, puede pedirles que se graben con un móvil para después escuchar sus interacciones.

34-38
8d

En esta actividad escucharemos la segunda parte del texto audio. Ponga el audio dos veces en caso de que sea necesario. En la primera audición pueden centrarse en los contenidos de la primera y segunda columnas. En una segunda audición, se centrarán en cómo las personas justifican su negativa.

→ Ejercicios 17 y 18, pág. 151.

NUESTRO PROYECTO

» Realizar una presentación sobre un aspecto de la actualidad latinoamericana.

- Haga grupos en clase. Para realizar esta actividad estaría bien que programara varios días de clase para que los alumnos puedan buscar y preparar la información con la que trabajarán.
- Puede organizarlo de la siguiente manera: el primer punto lo prepararán el primer día de clase, es decir, se podrán de acuerdo sobre el contenido que

quieren trabajar. En casa buscarán el material y prepararán un resumen para sus compañeros que leerán el siguiente día en clase. Anímeles también a buscar imágenes o videos para ilustrar la presentación.

- El segundo día pondrán en común su información y decidirán de forma conjunta aquella que quieran presentar. Después prepararán su presentación, anímelos a utilizar todos los medios de los que dispongan. Posiblemente parte de la preparación tendrá que tener lugar fuera de las horas lectivas, por eso anímelos a encontrarse para preparar su puesta en escena.
- Si es posible planifique un tercer día de clase para realizar las presentaciones de los alumnos

MI RECURSOS

Usted puede optar por realizar estas actividades en clase, en el lugar recomendado en esta guía, es decir, a continuación de la actividad en la que se trató el tema, o dejarlas como trabajo autónomo fuera del aula. Dependerá de las necesidades de su alumnado y también del tiempo de que disponga.

CULTURA

Objetivos
» Comprender un texto expositivo sobre Uruguay

a/b

- Para realizar la actividad **a** anime a sus alumnos a consultar Internet o a otros alumnos de clase en el caso de no disponer de conexión.
- En la actividad **b** se confronta a los alumnos con una afirmación que posiblemente les sorprenderá. En el caso de que no puedan contestar a la pregunta, explíqueles el origen de este apelativo: a finales del siglo XIX, Uruguay, consolidó su democracia y alcanzó un nivel alto de bienestar, equiparable al europeo. Debido a esto, Uruguay comenzó a ser conocida internacionalmente como "la Suiza de América". De hecho fue uno de los primeros países en establecer por ley el derecho al divorcio (1913) y a establecer el derecho del sufragio femenino. Además, fue la segunda nación del mundo que estableció por ley un sistema educativo gratuito, obligatorio y laico (1877).

c/d/e

Ampliación: tras leer el texto y comprobar sus tesis, pídales que busquen las expresiones a partir de las cuales puede definirse la democracia de Uruguay. De esta manera les ayudará a sistematizar el vocabulario esencial de este texto.

- Una vez realizado este trabajo de vocabulario, pasen a las actividades **d** y **e** y deje que sus alumnos discutan sobre el tema.

B1

Unidad 1
Volver a empezar

PORTADA

a **Foto 1:** Texto B. La persona estudia en Montevideo, Uruguay.
Foto 2: Texto C. La persona estudia en Granada, España.
Foto 3: Texto A. La persona estudia en Córdoba, Argentina.

1A MI CIUDAD

1a **1.** h; **2.** c; **3.** a; **4.** j; **5.** f; **6.** g; **7.** m; **8.** e; **9.** i

1b Los temas que se tratan son costumbres, estudios, aprendizaje de idiomas, tiempo libre, relaciones personales y ciudad.

1c **1.** ... suele haber mucho tráfico; **2.** ... los estudiantes suelen ir mucho al cine; **3.** ... suelen saludar y despedirse con un beso en la mejilla.

2a **Rosana:** estudia en Montevideo desde enero, desde hace 6 meses. Le gusta la vida, las playas y la gente. En su tiempo libre sale a correr por las playas, sale a boliches y va al cine.
Hugo: estudia en Granada desde hace 6 meses. Le gusta que la vida es tranquila y tiene más tiempo. En su tiempo libre sale con amigos de excursión y va a esquiar.

2b **Rosana**: enero; 6 meses; la vida, las playas y la gente; placentera; salir a correr, a boliches y va al cine; un año.
Hugo: 6 meses; que tiene tiempo; tranquila; salir con amigos; esquiar

1B EL NUEVO CURSO

3b *seguir* + gerundio
empezar + *a* + infinitivo
volver + *a* + infinitivo
dejar + *de* + infinitivo
acabar/terminar + *de* + infinitivo

4a

1C PLANES DE FUTURO

5d

tener	ir
tendré	iré
tendrás	irás
tendrá	irá
tendremos	iremos
tendréis	iréis
tendrán	irán

7a Se mencionan todas las actividades menos pasar tiempo con la familia.

7b En esta actividad aparecen las formas *ir* + *a* + infinitivo y el futuro simple para hablar de acciones futuras. Pero también se usa el presente con este valor de futuro. Sería correcto que señalaran las tres formas. Este uso de las tres formas verbales se explica en la caja amarilla.

7c La intención suele expresarse con *ir* + *a* + infinitivo, las acciones que el hablante quiere presentar como totalmente decididas, suelen expresarse en presente de indicativo, en este caso el hablante suele acompañarlo con una expresión temporal futura.

El futuro simple suele presentar acciones que el hablante quiere presentar como menos seguras porque están sujetas a una condición, o como susceptibles de cambios porque su cumplimiento tiene lugar en un marco temporal-espacial fuera del actual. Para entender mejor esta explicación, puede remitir a sus alumnos a la página de *Mi gramática, ejercicio 1b.* A partir de este ejercicio, el alumno podrá entender mejor por qué el uso de una u otra forma depende de la intencionalidad de la persona que habla.

MI GRAMÁTICA

1a **a.** P, F; **b.** P, F; **c.** P, F; **d.** F, F

1b Para resolver el ejercicio sería importante que el alumno se fijara primero en los dibujos. En el primero de la izquierda se relaciona el uso de las formas presente y perífrasis verbal "*ir* + *a* + infinitivo" con acciones que tienen lugar dentro del marco espacial-temporal en el que nos encontramos, mientras que en el dibujo de la derecha, el hecho futuro tiene lugar en un marco temporal menos inmediato o actual. Esta es la razón por la que el hablante usa unas formas u otras. Es una regla de uso muy parecida a la del uso del indefinido y perfecto. Es decir, depende mucho de la intencionalidad del hablante.
La solución del ejercicio podría quedar así:
Hecho inmediato/actual: esta tarde..., este verano..., creo que el próximo fin de semana...
Hecho menos inmediato/actual: dentro de 15 años, seguramente mañana, creo que el próximo fin de semana...
En cualquier caso la solución dependerá de la intencionalidad del hablante, por eso otras soluciones también serían posibles.

2a Hay varias posibilidades de resolver el ejercicio. Sería importante que todas las acciones tuvieran una condición lógica para su cumplimiento.

MI LÉXICO

1a cursar un semestre / 3º de Derecho
resultar fácil / difícil
ir a discotecas / al cine
levantarse tarde / pronto
hacer amigos
salir a discotecas / de fiesta
acostumbrarse al idioma / al ritmo
echar de menos a la familia / a los amigos

2a Es posible que en su clase tenga diferentes nacionalidades. Deje que el alumno resuelva la actividad en su propia lengua.

2b 1. Juan sigue viviendo con sus padres.
2. Empecé a estudiar español cuando tenía 15 años. / A los 15 años empecé a estudiar español.
3. Suelo ir al cine dos veces al mes.
4. Ha dejado de llover, podemos salir.
5. He terminado de hacer todos los deberes.

CULTURA

a 1. El catorce de marzo
2. El primer cuatrimestre termina el 9 de julio y el segundo cuatrimestre el 26 de noviembre.
3. Veinticuatro días.
4. Cinco.

Unidad 2
Mis viajes

PORTADA

Una posible respuesta:
Violeta: cantimplora, mochila, calcetines, gafas de sol, botas de montaña, chubasquero, saco de dormir, crema protectora, toalla, bikini, kit de primeros auxilios.
Juan: mochila, gafas de sol, gafas de buceo, bañador, sombrilla, crema protectora, toalla, nevera portátil, esterilla.
Alejandra: guantes, botas de esquí, mochila, calcetines, gafas de sol, botas de montaña, traje de esquí.

2A MIS VIAJES

1a/b *Una posible respuesta:*
Guatemala ofrece un turismo de aventura (selva, lagos, volcanes), cultural (ruinas de Tikal, ciudad maya de Petén y ciudad colonial de Antigua Guatemala) y urbano (Antigua Guatemala).
Panamá ofrece un turismo urbano (rascacielos, vibrante capital), deportivo y activo (amantes de cualquier deporte, surf, submarinismo, selvas tropicales, paseo en bote por el canal), cultural (pasado colonial).

1c *Una posible respuesta:*
Guatemala: mochila, calcetines, gafas de sol, botas de montaña, chubasquero, crema protectora, kit de primeros auxilios.
Panamá: mochila, calcetines, gafas de sol, botas, gafas de buceo, chubasquero, bañador

2b 1. Ha viajado con amigos.
2. Dos meses.
3. Ha estado en Guatemala, El Salvador y Honduras.
4. Lugares que se mencionan: Ciudad de Guatemala, Antigua, Lago de Atitlán, Chichicastenango, ruinas de Tikal, San Salvador, Pirámides de San Andrés, Tegucigalpa, la antigua ciudad maya de Copán, El Caribe, isla de Útila.
5. En hostales y un par de veces en hoteles.
6. Autobús.
7. Mochila, saco de dormir, ropa de verano, un chubasquero, un kit de primeros auxilios.
8. No pasear solo por lugares poco visitados, ser discreto y llevar poco dinero encima.

2B UNA EXPERIENCIA INOLVIDABLE

3a El viaje lo hizo hace un año y duró 4 semanas.
Antes de irse a Nicaragua, estaba en el paro.
En Granada trabajó en una guardería.
Se alojó en casa de una familia. La casa era preciosa, la familia era hospitalaria y encantadora, y los niños muy alegres y agradecidos.
Además de la ciudad y el lago Cocibolca con sus islas, conoció también el volcán de Masaya y la isla de Ometepe.

3b Las formas verbales que se explican son en este orden: pretérito perfecto, pretérito indefinido e imperfecto.

3c Para los alumnos de lengua alemana es fácil entender el uso del pluscuamperfecto, ya que coincide con el suyo. Sería interesante en el caso de tener en clase alumnos con otras lenguas maternas, preguntar cómo lo traducirían y si existe este tiempo en su lengua.

3d **Grund:** porque y como
Folge: así que, de modo que, por lo tanto.

2C ANÉCDOTAS DE VIAJEROS

5d *Una posible traducción al alemán sería:*
pues bien = nun
por fin = endlich
al final = am Ende
en ese momento = in dem Moment
y claro = und natürlich, ...
resulta que = es ist so, dass ...
por suerte = zum Glück
y bueno = und gut, ...
al principio = am Anfang
el caso es que = es ist nämlich so, dass ...

6c **Iniciar una anécdota**: a mí una vez, me pasó una cosa muy divertida; resulta que estábamos
Referir: va y me dice
Terminar de contar: Al final...
Preguntar por lo sucedido: cuenta, cuenta...; ¿y qué hiciste?
Reaccionar: ¡Qué gracioso!

MI GRAMÁTICA

1 **1.** b; **2.** a; **3.** c; **4.** d; **5.** f; **6.** e

2 **a.** Como – por eso
b. porque – así que
c. de modo que – porque
d. Como – por lo tanto

3

	1	2	3	4	5	6	7	8	9
alivio			X						
sorpresa	X			X	X			X	
tristeza						X			X
miedo		X					X		

MI LÉXICO

2 **1.** ¡No me digas!
2. ¡No me digas! – ¡Menos mal!
3. ¿Y qué sucedió?

CULTURA

a *Respuestas posibles para las dos primeras preguntas:*
1. Están en el Océano Pacífico. A 1000 km de Ecuador, país al que pertenecen.
2. Las islas son Patrimonio de la Humanidad. La región es el hábitat de numerosas especies endémicas, entre ellas las tortugas gigantes. En la actualidad recibe también muchos turistas.

b Los turistas se acercan demasiado a los animales, les hacen fotos. En los hoteles malgastan el agua y no tiran la basura en los lugares correspondientes. También algunos visitantes intentan robar animales.

Unidad 3
¡Cambiemos el mundo!

PORTADA

1. Maltrato animal; **2.** Corrupción; **3.** Recortes o privatización de la educación; **4.** Racismo y xenofobia; **5.** Paro y desempleo; **6.** Recortes o injusticia social.

3A REIVINDICACIONES

1a Los alumnos tendrían que subrayar las siguientes frases:
1. ... que baje el precio de las matrículas universitarias
2. políticas enfocadas a la creación de empleo; ... que nuestros jóvenes puedan incorporarse fácilmente al mercado laboral y no tengan que emigrar.
3. vivir en una sociedad solidaria...; respetar el derecho al asilo.
4. ... que el estado sea un buen ejemplo.
5. ... que prohíban las corridas de toros.
6. ... que no cierren y mantener mi puesto de trabajo.
7. ... que el estado destine más dinero a los países en desarrollo; ... vivir en un país más justo.

3B NUESTRO FUTURO

2b Los alumnos deberían recoger de forma breve la información básica. Favorezca que utilicen sus propias palabras.

México	No confían demasiado en las instituciones.
Centroamérica	Les preocupa el desempleo. La universidad es la institución mejor cualificada.
Región Andina	La universidad es la institución mejor cualificada. En contra de la legalización de la marihuana.
Península Ibérica	La economía les preocupa.
Brasil	La drogadicción y el alcoholismo preocupan. En contra del tránsito libre de personas o de una moneda única. Abiertos en temas de sexualidad. A favor de la legalización de la marihuana.
Cono Sur	La economía les preocupa.

2c Deje que realicen dos audiciones como mínimo de cada aspecto. Pida que en una primera fase capten el mensaje principal y en una segunda apunten palabras claves. Pídales que se limiten a las ideas principales.

Delincuencia	La delincuencia es un problema en México. Educación y reparto de riqueza son la solución. Optimista.
Economía	Preocupación principal: situación de los jóvenes. Trabajo poco cualificado.
Educación	Optimista. Educación mejorará. En la Amazonía es más difícil desarrollar la educación.
Política	Problema principal es la corrupción. El ciudadano no cree en la política.

3C DERECHOS

3a **Primer párrafo:** jornada laboral – salarios.
Segundo párrafo: igualdad de derechos – violencia de género – femenino.
Tercer párrafo: medio ambiente
Cuarto párrafo: guerra
Quinto párrafo: discriminación
Sexto párrafo: privatización

3d De izquierda a derecha y de arriba abajo:
Movimiento estudiantil – movimiento ecologista
Movimiento feminista – movimiento obrero
Movimiento estudiantil – movimiento feminista / derechos civiles.

4a **1.** quejarse; **2.** el sistema universitario; **3.** un requisito para encontrar trabajo (en el texto: "... este curso es imprescindible para poder trabajar"); **4.** la duración ("... son mínimo año y medio"), las tasas ("... altas tasas") y las fechas ("la inscripción para esos másteres acaba en mayo").

4b

Ventajas	Desventajas
El título de grado vale mucho en Irlanda e Inglaterra.	Devaluación del título de grado.
Los estudios universitarios son ahora más prácticos.	Duración. Solo 3 años es poco.
Es más fácil la convalidación de títulos y encontrar trabajo fuera del país.	Las tasas académicas son demasiado altas.

MI GRAMÁTICA

1a **1.** Sujeto: Pedro / yo
2. Nosotros / ellos
Ellos
3. Nosotros
Nosotros / ellos
4. Ellos
Yo / ellos

1b **1.** actúen; **2.** solucionar; **3.** prohíban; **4.** reducir

2a **1.** pasado; **2.** futuro; **3.** pasado; **4.** presente; **5.** futuro

2b **1.** empiecen; **2.** asesinaron; **3.** pienso – estoy

MI LÉXICO

1a *Una posible respuesta:*

economía	sociedad y derechos	política
empleos dignos, desempleo, paro, despidos	xenofobia, maltrato animal, refugiados, inmigración, hambre, derecho al asilo	empleos dignos, desempleo, corrupción, inmigración, recortes, derecho al asilo

1b *Una posible respuesta:*
Reducir el desempleo, la corrupción, el paro, los despidos.
Manifestarse en contra de la xenofobia, del maltrato animal, de la corrupción, de los recortes, de las corridas de toros. **Convocar una manifestación a favor de** los refugiados, del derecho al asilo, de las corridas de toros. **Prohibir** las corridas de toros. **Frenar** la xenofobia, la corrupción, la inmigración, el hambre.

2a

verbo	sustantivo
discriminar	**la discriminación**
reducir	la reducción
manifestarse	**la manifestación**
igualar	la igualdad
privatizar	**la privatización**
convocar	la convocatoria
mejorar	la mejora

verbo	sustantivo
repartir	el reparto
reivindicar	**la reivindicación**
proteger	la protección
reformar	**la reforma**
independizarse	la independencia
segregar	**la segregación**
aumentar	el aumento

CULTURA

a **Rigoberta Menchú (1959):** líder indígena guatemalteca, defensora de los derechos humanos. Ganó el Premio Nobel de la Paz en 1992 y el Premio Príncipe de Asturias de Cooperación Internacional en 1998.
Emiliano Zapata (1879-1919): Fue uno de los líderes militares y campesinos más importantes de la Revolución mexicana.
Las Madres de la Plaza de Mayo: asociación argentina que surgió a raíz de la dictadura de Videla. Su objetivo fue y es recuperar con vida a los detenidos desaparecidos, así como llevar a los tribunales a aquellos que cometieron los crímenes.

Subcomandante Marcos: líder del grupo indigenista mexicano denominado Ejército Zapatista de Liberación Nacional, especialmente activo durante los años 90.
Che Guevara (1928-1967): Fue uno de los ideólogos y comandantes de la Revolución cubana.

b La foto de la izquierda corresponde al párrafo del movimiento estudiantil chileno, que reivindica entre otras cosas la educación superior gratuita.
La foto de la derecha corresponde al párrafo del movimiento indígena, que defiende la historia, la cultura y las tradiciones autóctonas. La foto fue tomada en México.

Unidad 4
Relaciones interpersonales

PORTADA

a 1. asistir a un concierto
2. festejar un cumpleaños
3. celebrar una fiesta de disfraces
4. participar en un curso (de pintura)
5. participar en una ruta de senderismo
6. ser miembro de una asociación (de defensa de los animales).

4A HACIENDO AMIGOS

1a Deje que los alumnos expliquen con sus propias palabras lo que ofrecen las personas. Una posible respuesta:

Persona	Busca	Ofrece
Valentina	A gente que tenga sus mismos intereses.	Amistad
Ángela	A gente que hable alemán para charlar	Ayudar con el español
Rubén	Pareja entre 30 y 40 años	Paseos, romanticismo, educación y también intereses gastronómicos
Marina	Busca personas respetuosas, ordenadas y que no fumen.	Habitación en piso compartido en Madrid
Juan	A gente a la que le guste el senderismo, ir al teatro, etc.	Amistad, compartir el tiempo libre
Fernando	Gente altruista, sensible y tolerante a la que le guste ayudar a la gente y tenga interés en cooperar.	Trabajo

1b Indicativo / subjuntivo

1c 1. Juan / me gusta; 2. Marina / sea; 3. Ángela / quiera; 4. Fernando / quiero

1d intolerante – tolerante
tímido/-a – extrovertido/-a
maleducado/-a – educado/-a
irrespetuoso/-a – respetuoso/-a
desordenado/-a – ordenado/-a

4B ME CAE MUY BIEN

2b Mencionan los conflictos 1, 2 (no recoge la cocina) y 4.

2c 1. a; 2. b; 3. a (esto se deduce de algunas leves diferencias de opinión durante la conversación).

3a Carlos opina que Óscar antes era tranquilo, comprensivo y generoso, pero ahora se ha vuelto antipático y arrogante y se pone fácilmente furioso y agresivo. Se ha vuelto intolerante e irrespetuoso.

4C ASÍ NOS COMPORTAMOS

4c

Expresar sentimientos positivos	Expresar sentimientos negativos
Me fascina, me entusiasma, me encanta, me gusta, no me molestan	Me aburren, no soporto, me da vergüenza, me horrorizan, me da miedo, detesto, me disgusta, estoy harto/-a de, no me gusta mucho, me molesta, me sienta fatal

5a 1. En un café – una persona ha empujado a otra y le ha tirado el café.
2. Al teléfono – alguien se ha equivocado.
3. En la estación de tren – alguien está empujando porque quiere pasar.
4. En un lugar público – alguien tiene que cancelar una cita.

5b 1. Lo siento, es que no le he visto.
2. Perdóneme. Me he equivocado.
3. Disculpe. Es que quieren pasar.
Disculpe. Es que voy a perder el tren.
4. Lo siento, pero es que tengo que terminar un trabajo y...

7a **1.** En Ocho apellidos vascos: Rafa, Amaia y Koldo (padre de la novia).
En Ocho apellidos catalanes: Amaia, Rafa, Koldo, Pau (novio), Roser y Judit (padres del novio).
2. En Ocho apellidos vascos: Rafa y Amaia se enamoran, pero Koldo, el padre de la novia, no está de acuerdo con la relación porque Rafa no es vasco.
En Ocho apellidos catalanes: Amaia y Rafa se separan y Amaia se vuelve a enamorar de un catalán, Pau. Sin embargo al padre de la novia no le gusta la idea y pide ayuda a Rafa para que su hija no se quede en Girona con su nuevo novio.
3. *Respuesta libre.*

7b El primer espectador: le gustó aunque no se ve reflejado en la película.
El segundo espectador: no le ha gustado porque abusa de los tópicos.
El tercer espectador: le ha gustado porque se ríe.
El cuarto espectador: le gustó porque trata con humor las diferencias culturales.

MI GRAMÁTICA

1a

¿Quién...	Malena	Alicia
... no tiene un trabajo bien remunerado?	x	
... tiene compañeros muy distendidos?		x
... tiene una oficina con mucha luz?		x
... trabaja en una empresa con prestigio internacional?		x

1b Si es necesario remita a los alumnos a la explicación de la página 45, del ejercicio b.

2a **1.** gente / yo; **2.** yo / ellos; **3.** yo / ellos; **4.** tú / yo

2b **2.** Me encanta recibir postales.
Me encanta que me envíen postales.
3. Me aburre que habléis siempre de lo mismo.
Me aburre escuchar siempre lo mismo.

MI LÉXICO

1a

CARÁCTER
- ser (verbo): tímido/-a, extrovertido/-a
- tener (verbo): sentido del humor, don de gentes

ESTADO
- estar (verbo): nervioso/-a
- estar (verbo): guapo/-a

ASPECTO FÍSICO
- tener (verbo): **los ojos azules**, **el pelo rizado**
- llevar (verbo): barba

2

sustantivo	adjetivo
la tranquilidad	**tranquilo/-a**
la simpatía	**simpático/-a**
el nerviosismo	**nervioso/-a**
la tolerancia	tolerante
la sensibilidad	sensible
el altruismo	altruista

sustantivo	adjetivo
el romanticismo	**romántico/-a**
la timidez	**tímido/-a**
la complicación	**complicado/-a**
la sinceridad	sincero/-a
la educación	educado/-a
el respeto	respetuoso/-a

3a volverse, quedarse, ponerse

3b ponerse nervioso – volverse más amable – volverse rico/-a – quedarse sin trabajo

3c Quedarse y ponerse

CULTURA

b Sobre los chistes de la estupidez a partir de nacionalidades o regiones, pero también a partir de profesiones. Los chistes de Lepe son también chistes sobre la estupidez. La elección de este municipio es casual y se debe posiblemente a dos humoristas.

c Según el texto los chistes sobre la estupidez sirven para aliviar los miedos a todo lo que es diferente.

Unidad 5
La Madre Tierra

5A UN PLANETA SOSTENIBLE

2a **1.** Foto 3: el consumo excesivo de agua y la sequía
2. Foto 1: el exceso de tráfico y el uso de la bicicleta
3. Foto 2: la ausencia de zonas verdes en las ciudades
4. Foto 4: el uso de embalajes en los alimentos

2b Pondría carteles informativos sobre el uso del agua.
Fomentaría el uso del transporte público y de la bicicleta.
Plantaría muchos árboles.
Construiría muros verdes.
Prohibiría la venta de alimentos empaquetados.

5B ¿VERDAD O NO?

3a **1.** b, d, g; **2.** e, f, i; **3.** a, j; **4.** c, h, k

4c *Posibles respuestas:*
1. Luisa no cree que la energía eólica produzca suficiente energía.
2. Alberto piensa que la energía solar no contamina y que es de fácil mantenimiento.
3. María José no está de acuerdo con que la energía solar sea limpia.
4. Alicia piensa que la energía eólica no es eficaz porque en algunas regiones no hay viento o muy poco.
5. Para Ramón no es cierto que las energías solar y eólica puedan servir de única fuente de energía para un hogar.

5C RETOS DE AMÉRICA LATINA

5a **1.** Costarricenses privilegian uso de energías renovables sobre el petróleo.
2. La deforestación elevará los efectos de las lluvias, según un estudio.
3. Nicaragua quiere construir un enorme canal.
4. El cambio climático y la tecnología marina amenazan a los animales.

5b *Respuesta individual.*

6b Las palabras "oleoductos, puertos y pistas aéreas", además de que el canal sería más ancho que el de Panamá, apoyan la idea de que el proyecto es faraónico.

6c *Una posible respuesta:*
2. La construcción del canal duraría 10 años y costaría unos 50.000 millones de dólares, pero también crearía 50.000 puestos de trabajo.
3. Los empresarios apoyan el proyecto, pero piden que se respete el medio ambiente y que empresas y trabajadores nicaragüenses se encarguen de la construcción.
4. Los ecologistas están preocupados por el impacto medioambiental.
5. La periodista se pregunta si el mundo necesita otro canal interoceánico.

6d El orden sería el siguiente: 3, 1, 4, 2.

7a **1.** Denuncian la construcción de un embalse y piden detener la construcción.
2. Denuncian que una empresa minera está destruyendo los glaciares y piden detener su destrucción.

7c La carta corresponde a la petición 2: No permitas que destruyan nuestros glaciares.

7d **1.** Carta al responsable
2. Atentamente, Carlos González, un ciudadano preocupado.
3. (Texto a la derecha de la carta, en el cuadro azul) Te pido tu solidaridad firmando y compartiendo esta petición... Firma aquí.
4. El daño se indica en el primer párrafo de la carta.
5. Los efectos se indican en el segundo párrafo.

MI GRAMÁTICA

1a

+	–	+/–
Me parece normal Es sorprendente Es fundamental Me parece estupendo	Me parece triste Es una tontería Me parece exagerado Es ridículo Me parece preocupante	Es increíble Es curioso

1b *Respuesta individual.*

2 **Cuestionamos o valoramos una información:** dudo que, es estupendo que, me parece fenomenal que, es una pena que, a mí me da igual que...
Presentamos una información sin cuestionarla: creo que, me parece que, es verdad que, supongo que, pienso que...

3a **1.** b; **2.** a
3. d; **4.** c
5. e; **6.** f

3b En alemán la traducción sería:
1. wegen; **2.** für
3. damit; **4.** weil
5. um ... zu; **6.** damit

MI LÉXICO

1a *Una propuesta:*

Es beneficioso para el medio ambiente
reducir el consumo de agua, la basura; cultivar productos ecológicos, los espacios públicos, hortalizas; **desconectar** los aparatos eléctricos; plantar árboles; **consumir** productos ecológicos, hortalizas, energía renovable; **usar** botellas retornables, los espacios públicos, los parques, pilas recargables, la bicicleta; compartir el coche; **comprar** botellas retornables, productos ecológicos, pilas recargables; **reciclar** los aparatos eléctricos, la basura, vidrios y plásticos, papel y cartón

Es perjudicial para el medio ambiente
tirar los aparatos eléctricos, la basura en los espacios públicos, la basura en los parques; **consumir** envases de plástico, demasiada energía; **talar** los espacios públicos, los parques, árboles; **comprar** envases de plástico

1b

sustantivo	verbo	adjetivo
reciclaje	**reciclar**	**reciclado/-a**
cultivo	**cultivar**	cultivable
uso	usar	usado/-a
consumo	**consumir**	**consumido/-a**
contaminación	**contaminar**	**contaminado/-a**
renovación	**renovar**	renovado/-a
plantación	**plantar**	plantado/-a
ecología	–	ecológico/-a

2 *Respuesta individual.*

CULTURA

a Luis Sepúlveda (Ovalle, Chile, 1949): es un escritor y periodista chileno, autor de cuentos y novelas, entre las que se destacan *Un viejo que leía novelas de amor* e *Historia de una gaviota y del gato que le enseñó a volar.*

Eduardo Galeano (Montevideo, Uruguay, 1940 – ib., 2015). fue un periodista y escritor uruguayo.
Sus libros más conocidos, *Las venas abiertas de América Latina* (1971) y *Memoria del fuego* (1986), han sido traducidos a veinte idiomas.

Gioconda Belli (Managua, Nicaragua, 1948): es una poetisa y novelista nicaragüense.
En 1988, Belli publicó su primera novela *La Mujer Habitada*, que fue muy elogiada por la crítica y que fue tanto en Europa como en América Latina un gran éxito de ventas. En Alemania la novela obtuvo el Premio de los Bibliotecarios, Editores y Libreros de Alemania a la Novela Política del Año (1989).

b De izquierda a derecha y de arriba abajo:
Las venas abiertas de América Latina, Waslala, Un viejo que leía novelas de amor.

Unidad 6
En contacto

PORTADA

a **Foto A:** están celebrando una comida en familia; **Foto B:** están festejando una boda; **Foto C:** están celebrando un cumpleaños; **Foto D:** están despidiéndose; **Foto E:** están celebrando la Nochevieja.

b **1.** C; **2.** B; **3.** E; **4.** A; **5.** D

6A CELEBRACIONES

1a Se utilizan todas las expresiones menos *¡Feliz Navidad!* y *¡Que lo pases bien!*

Situación	Felicitación o buen deseo
1.	¡Felicidades!, ¡Feliz cumpleaños!
2.	¡Enhorabuena!, ¡Que sean muy felices!
3.	¡Feliz Año Nuevo!
4.	¡Que aproveche!
5.	¡Que tengas buen viaje!, ¡Que te vaya bien!

1b ¡Que duermas bien! = al irse a dormir.
¡Ojalá apruebes! = antes o después de un examen.
¡Que te mejores! = cuando uno está enfermo.
¡Ojalá tengas suerte! = por ejemplo, después de algo que se desea o se quiere conseguir (un trabajo, una beca, un piso).
¡Ojalá te den trabajo! = después de una entrevista de trabajo.
¡Que os divirtáis! = antes de ir a algún lugar que se espera divertido, por ejemplo, antes de salir para una excursión.

1c **1.** ¡Que te diviertas!, ¡Que tengas buen viaje!, ¡Que lo pases bien!
2. ¡Enhorabuena!, ¡Felicidades!
3. ¡Que seáis muy felices!, ¡Enhorabuena!
4. ¡Que aproveche!
5. ¡Felicidades! ¡Feliz cumpleaños!

2a En la primera invitación se celebra una cena navideña.
En la segunda invitación (a la derecha) se celebra un cumpleaños.
En la tercera invitación (debajo a la izquierda) se celebra la entrega de unos diplomas en la universidad.
En la cuarta invitación (debajo a la derecha) se celebra una boda.

2b Texto 1:

Remitente	Cristina Fernández en nombre de la escuela de idiomas
Destinatario	Los alumnos
Saludo	Estimad@ alumn@
Forma de tratamiento (tú o usted)	tú
Despedida	Saludos cordiales
¿Se pide confirmación?	Sí (Se ruega confirmar asistencia...)

Texto 2:

Remitente	Cristina Romero, la persona que cumple los años
Destinatario	Patricia, una amiga
Saludo	Hola
Forma de tratamiento (tú o usted)	tú
Despedida	Un abrazo
¿Se pide confirmación?	Sí (¿Te apetece?)

Texto 3

Remitente	El Dr. Vicente, jefe del Departamento de Educación
Destinatario	Alumno/-a y familia del / de la alumno/-a
Saludo	No hay.
Forma de tratamiento (tú o usted)	usted
Despedida	Atentamente
¿Se pide confirmación?	No.

Texto 4:

Remitente	Ana y Francisco, los novios
Destinatario	Invitados
Saludo	No hay.
Forma de tratamiento (tú o usted)	tú
Despedida	No hay.
¿Se pide confirmación?	Sí (Rogamos confirmación).

6B MENSAJES Y LLAMADAS TELEFÓNICAS

3a **A.** 3; **B.** 4. ; **C.** 1. ; **D.** 2 y 4; **E.** 1. y 5.

3b No ha escrito Marta, sino Antonio para confirmar su asistencia al cumpleaños.
No es una fiesta de navidad, sino de final de curso.
Marta no tiene entradas para el cine, sino para el teatro.

3c Me ha dicho que, pregunta qué, me pregunta si, me pide que, me comenta que, me recomienda que.

3d

Mensaje	Correo
A: verbo ir ("voy")	verbo venir
B: verbo traer	verbo llevar
C: pronombre "os" verbo venir imperativo "llámame"	pronombre "nos" verbo ir subjuntivo "(que) la llamemos"
E: "Id a verla" (imperativo)	"Me recomienda que la veamos" (subjuntivo)

4a **Diálogo 1:** Alguien quiere hablar con su amigo, pero este no está.
Diálogo 2: Alguien se ha equivocado de número.
Diálogo 3: Alguien habla con un amigo.

4b **1.** Creo que se ha equivocado de número. / Perdone.
2. ¿Aló? / ¿Quiere dejarle algún recado?
3. ¿De parte de quién? / Ahora te lo paso.

4c **1.** ¿Dígame?, ¿Aló?, ¿Sí?
2. ¿De parte de quién?
3. Creo que se ha equivocado de número.
4. ¿Con el profesor Ruiz, por favor?, ¿Podría hablar con César?, ¿Está Francisco?
5. ¿Quiere dejarle algún recado?
6. Ahora te lo paso.
7. Perdone.

6C REGLAS Y NORMAS SOCIALES

6a **1.** trato formal o informal / saludos; **2.** saludos; **3.** invitaciones; **4.** puntualidad; **5.** ruidos

6b

comer	recibir
no comas no comáis no coma no coman	no recibas no recibáis no reciba no reciban

7b **1.** No se sabe a qué hora es la cena. No se menciona. Tampoco si llegan puntuales o no. Los anfitriones los reciben con alegría y les enseñan la casa.
2. enseñar la casa
3. Sí. Un vino y unas flores.
4. Les da las gracias, pero también les pregunta: "¿Por qué os habéis molestado?". Aclare con los alumnos que esta pregunta es típica en estas situaciones y que en ningún modo es descortés sino todo lo contrario. El anfitrión quiere dejar claro que la invitación es sincera y no hace falta regalo. También alaba las flores.
5. Los invitados elogian la comida, el anfitrión ofrece más de comer o beber, el invitado acepta
6. Le pide que se quede.
7. Dice que se queda un poco más.

7c

1. Hacer un cumplido	¡Qué piso tan bonito! Está muy rico, pero no quiero más.
2. Llevar una botella de vino o el postre	Toma, esto es para vosotros. Pero ¿por qué os habéis molestado?
3. Ofrecer algo de beber	¿Un poco más de vino? ¿Queréis tomar algo?
4. Enseñar la casa	Pasad, pasad. ¡Qué piso tan bonito!
5. Agradecer	Pero ¿por qué os habéis molestado? ¡Qué piso tan bonito!
6. Regalar	Toma, esto es para vosotros.
8. Aceptar / Rechazar	¡Quedaos un rato más! (como respuesta ante la intención de irse. En este sentido el anfitrión lo rechaza, es decir, insiste en que se queden) Bueno, ya que insistes... Venga, sí. Un poquito más. Está muy rico, pero no quiero más. No, no, gracias.

MI GRAMÁTICA

1 **1.** Álvaro pregunta qué tal / cómo te va en tu nuevo trabajo.
2. Álvaro te pide que le presentes a tu hermana.
3. Álvaro dice que le encanta el piso de Maite.
4. Álvaro pregunta si vas a su fiesta de cumpleaños.
5. Álvaro pregunta dónde vives ahora.
6. Álvaro te pide que le pases ese vaso.

2 no juegue, no jueguen
no pierdas, no perdáis
no duermas, no duerma, no duerman
no salgas, no salgáis, no salga, no salgan
no traigas, no traigáis, no traiga, no traigan
no vaya, no vayan

MI LÉXICO

1 **2.** Silvina te felicita por el aprobado del examen / porque has aprobado el examen.
3. Juan se disculpa porque ha tenido que salir antes / por haber tenido que salir antes.
4. Yolanda protesta porque has dejado la puerta abierta.
5. Marta te propone ir al cine esta noche.
6. Te recomienda que tomes jengibre contra el dolor de garganta.

2 **Quedarse** hasta las 2 de la mañana.
Celebrar una despedida de soltero.
Llevar algo de comer a la fiesta / un regalo a un amigo.
Perderse una despedida de soltero.
Quedar con alguien a las diez en una cafetería.
Ir a una boda / a una fiesta.
Invitar a un amigo por su cumpleaños / a una boda / a una fiesta.
Felicitar a un amigo por su cumpleaños.
Agradecer a los invitados / un regalo a un amigo.
Disculparse por llegar tarde.
Saludar a los invitados.
Despedirse de los invitados.

B2

Unidad 7
Un semestre de intercambio

7A UN SEMESTRE DE INTERCAMBIO

1b **Laura** da razones de tipo sentimental: su abuelo había estudiado aquí, es como volver a sus orígenes. También nombra el prestigio de la universidad.
Gabriel da razones de tipo práctico: la Universidad de Salamanca es muy internacional y ofrece un programa cultural de intercambio muy interesante.

2a Para que lo oriente.

2b Markus ha utilizado el condicional para expresar la cortesía: me gustaría pedirle consejo, podría ir a hablar con usted, le iría bien que me pasara, le agradecería.

2c 1. ¿Me podrías dar tu correo electrónico?
2. ¿Tendría usted un teléfono?
3. ¿Podría hablar con usted?
4. Querría contarte mi decisión.

3a Su nivel de español (B2).
Las posibles universidades de intercambio.
Las asignaturas en las que debe inscribirse. (La profesora le propone que asista a clases de Literatura).
Los convenios existentes entre universidades (por ej. con la Universidad de Alicante).
Las convalidaciones de asignaturas (por ej. con la Universidad de Alicante).
El trato con los profesores (en la Universidad de Alicante, excelente).

3b En Alicante porque tiene amigos allí.

3c Explícitamente, la profesora le da las recomendaciones 2 y 5 (la profesora le habla del Club de Erasmus que organiza actividades integradoras).

4a Informarse de los programas de mentoría que ofrece la universidad.
Integrarse en grupos de estudiantes Erasmus.

4c 1. La profesora le recomendó a Markus que se esforzara por conocer a otros estudiantes Erasmus.
2. Markus prefería que sus amigos fueran menos graciosos con él.
3. La profesora le aconsejó que nada más llegar se informara sobre los programas de mentoría que ofrecen en la universidad.
4. Markus todavía no entiende que sus amigos españoles se rieran cuando pronunciaba mal.

7B ETAPA ERASMUS

5a 1. Calendario académico; 2. Asistencia a clase; 3. Horarios; 4. Número de alumnos; 5. Lenguas de comunicación; 6. La nube de la Universidad de Alicante; 7. Trato con el profesor; 8. Sistema de evaluación.

5b *Una posible respuesta:*
En clase: pasar lista, pasar hoja para firmar, asistir regularmente a clase, participar, lenguas oficiales, trato muy cercano, asistencia y participación activa, presentación oral.
Los cursos: fechas oficiales de comienzo y final de curso, impartir asignaturas, turno de mañana, turno de tarde, tener acceso al campus virtual, horario de tutorías.
La evaluación: periodos de exámenes, nota final de la asignatura, exámenes parciales, exámenes finales, trabajos individuales o en grupo, presentaciones orales, comentarios de textos, asistencia y participación activa en clase, calificaciones del 0 al 10, máxima puntuación, aprobar, sacar un 5.

6a En concreto Markus preguntó por el significado de las palabras *hueco* y *sacar un cinco*. También se aseguró de haber comprendido que el trato entre profesor y alumno es muy cercano y por eso se tutean.

6b

Para pedir ayuda antes de formular una pregunta.	1
Para comprobar que se ha entendido algo correctamente.	7
Para indicar que una información es correcta.	6,8
Para preguntar el significado de una palabra o expresión.	3,5
Para indicar que algo se ha comprendido.	2,4,9

7a Los temas son: el cuarto de hora académico, el acto de bienvenida, la sesión informativa, los compañeros/-as de clase.

7b Son verdaderos (sí): 1, 2, 5
Son falsos (no): 3, 4, 6

7d Se dicen igual o de forma parecida: ¡Tío!, ¿Qué pasa?, ¿Y eso?, ¡Vaya paliza! (una paliza), ¡Un (poco) rollo)!

7e

Saludar	¿Qué pasa, tío?
Mostrar interés	¿Y eso?
Reaccionar **Mostrar empatía**	¡Un poco rollo! ¡Tío!
Mostrar extrañeza	¡Hombre!

8a haya organizado; haya habido; haya llegado

9a Le sorprende que al mediodía cierren las tiendas, que las fiestas no comiencen antes de las 11 de la noche y que duren hasta el amanecer. También le sorprende que en la universidad los profesores le tuteen.

9c Les sorprenden:
- La gente que es menos abierta e interactúa menos.
- La comida que es diferente.
- El sistema de reciclaje orgánico.
- Las clases que son más interactivas.
- Los horarios de las tiendas y de las comidas.

MIS RECURSOS

1 **Cuestiono:** no ser de la opinión que, no considerar oportuno que, dudar que
Opino: penar que, considerar que, parecer que
Valoro: estar sorprendido de que, valoro que, es ideal que, es una lástima que, es mejor que, estar contento de que, conviene que, desagradar que, parecer conveniente que

2 **1.**b; **2 .** a; **3.** c; **4.** b; **5.** C
Regla: 2; 3 y 5.

3 En la tercera frase el profesor atenúa el mensaje.
Regla: Es que..., en realidad...

4 **1.** b; **2.** a; **3.** a; **4.** b.

5a **1.** b; **2.** c; **3.** a; **4.** d.
1. d; **2.** a; **3.** b; **4.** c.

5b haya sabido; mostrara; haya hecho; se extendiera

CULTURA

b El autor habla de un turismo académico. El impacto derivado de este turismo académico da lugar a la mercantilización del espacio, es decir, los estudiantes se concentran en determinados barrios. También hace que se produzcan procesos de substitución humana, es decir, que los habitantes de estos barrios son expulsados por la demanda de pisos para estudiantes. Pero también dice que los estudiantes Erasmus vuelven más tarde en forma de turistas, de estudiantes de posgrado o como trabajadores precarios.

c **1.** La posición del autor es sobre todo positiva porque dice que el programa Erasmus ha supuesto "el más notable ejercicio de marketing de esa idea llamada Europa" y también porque supone "la mayor ilusión que hoy la maltrecha Unión Europea es capaz de ofrecer a sus ciudadanos". Con la "maltrecha Unión Europea" se refiere a las críticas y movimientos populistas surgidos tras la crisis económica de este siglo.
2. Se habla de que los estudiantes pasan demasiado tiempo en fiestas, dedicando poco tiempo al estudio y a las clases.

Unidad 8
Nos ponemos al día

8A ¿QUÉ HAY DE NUEVO?

1a **1.** elaborar un plato, ceviche, sabroso, ingredientes, alta cocina, llevar delantal
2. alcanzar la meta, corredora de larga distancia, comunidad indígena tarahumara
3. riadas de barro y agua, situación de emergencia, personas damnificadas, inundaciones y crecidas de los ríos

1b **Texto 1** = foto 3.
Texto 2 = foto 1.

1c **Frases en las que se supone información en el texto 1:**
"... habrá habido una riada de barro y agua... quizás haya llovido sin parar... habrá provocado la crecida... tal vez estén huyendo... a lo mejor quieren rescatar...".
Frases en las que se supone información en el texto 2:
"... Puede que sea un cocinero... podría ser la cocina de un hotel... supongo que estará impartiendo un curso de cocina... O a lo mejor está elaborando un plato... quizás sea un representante..."

2a **¿Qué pasó?** María Lorena ganó la maratón de Ultra Rail Cerro Rojo. Recorrió 50 kilómetros en 7 horas y 3 minutos. Se llevó un premio de 6 mil pesos.
¿Cómo ocurrió? Ganó la maratón sin equipo deportivo o preparación, solo con una falda y unas sandalias.
¿Cuándo sucedió? El 29 de abril.
¿Dónde tuvo lugar? En Puebla.
¿Por qué pasó lo ocurrido? Lorena camina cada día entre 10 y 15 kilómetros y es una corredora excepcional con gran resistencia física, por eso ha ganado la maratón.

2c **1.** En esta entradilla se da respuesta a las preguntas ¿qué?, ¿quién? y ¿cómo? Las preguntas cuándo y dónde ya se contestaron en el subtítulo.
2. En el cuerpo de la noticia se dan dos informaciones. La información principal se encuentra en el párrafo "No llevaba ningún aditamento... en el Estado de México." Esta información se refiere a cómo ganó la carrera, es decir, cómo era su equipamiento deportivo. Y también cómo fue posible que participara "gracias al apoyo de los organizadores del evento".
La información secundaria se refiere a información más específica sobre Lorena y la comunidad tarahumara. Esta información se encuentra en el párrafo que va de "A sus 22 años..." hasta "correr". En este párrafo se informa de cómo es la forma de vida de esta comunidad y por qué son tan buenos corredores.

3a Para esta actividad puede haber varias respuestas. Lo más importante es que el alumno pueda argumentar por qué elige una rúbrica y no otra.
Primera noticia = economía
Segunda noticia = sociedad
Tercera noticia = sociedad, cultura o tecnología

3b **Noticia 1** = Foto centro
Noticia 2 = Foto derecha
Noticia 3 = Foto izquierda

3c

	Noticia 1	Noticia 2	Noticia 3
¿Qué?	España recibirá 80 millones de turistas.	La consejería de Sanidad de Madrid ha activado la alerta de riesgo por el calor.	Niños y adolescentes españoles pasan más de dos horas al día frente a una pantalla.
¿Cómo?	------------	Mantener hidratación adecuada, tomar dos litros de agua, no salir a la calle, cerrar las persianas, tomar frutas y verduras.	Los chicos delante de una consola, las chicas delante de la televisión.
¿Cuándo?	Durante este año	Durante este fin de semana	Todos los días
¿Dónde?	España	Madrid	España
¿Por qué?	Porque el mercado nacional se está recuperando y los turistas extranjeros evitan viajar a otros países por la inestabilidad política.	39,2 grados	------------

4a Denunciar un hecho o una aplicación.

4c *Una posible respuesta:*

2. Reprueban con un cero a 504 estudiantes de la Universidad de Guadalajara por copiar.
504 estudiantes de la Universidad de Guadalajara fueron reprobados con un cero por copiar.

3. Van a trasladar la capital de Indonesia por problemas de sobrepoblación.
La capital de Indonesia será trasladada por problemas de sobrepoblación.

4. Inauguran en la Habana la 39 edición del Festival de cine latinoamericano.
La 39 edición del Festival de cine latinoamericano ha sido inaugurada en la Habana.

5. Expulsan a dos periodistas españoles en Marruecos.
Dos periodistas españoles fueron expulsados en Marruecos.

8B OPINAMOS

5b La afirmación 2 es falsa: el estudio llega a los 29 años. También es falsa la información 3: la mayoría de los ninis son mujeres urbanas. La información 4 no se menciona, pero se deduce que el grupo con mayores problemas es el femenino, que se dedica al trabajo doméstico.

5c Tener un trabajo = estar empleado; tener un trabajo pagado = tener un trabajo remunerado; las tareas del hogar = tareas domésticas; acercar las relaciones = estrechar los vínculos; integración = inclusión

6a Seguramente sus alumnos marcarán en el texto expresiones como: es una decisión personal y prefieren ganar dinero fácil y rápido.

6b La falta de alternativas de formación en el país.
El único objetivo es ganar dinero y llegar a ser rico.

6d *Posibles respuestas:*

1. Aunque / A pesar de que con el cambio climático aumenta el riesgo de catástrofes naturales, los gobiernos no están haciendo campañas de prevención de daños.

2. Una mujer de la etnia tarahumara ha ganado la ultramaratón de 50 kms a pesar de/ pese a no llevar ropa deportiva / aunque no llevaba ropa deportiva / a pesar de que no llevaba ropa deportiva.

3. Por muy negativo que sea el uso de internet y de las redes sociales, los padres continúan comprando dispositivos electrónicos a los escolares españoles a edades muy tempranas.

7a La corrupción, la desigualdad social, la delincuencia juvenil, los ninis.

7b Ricardo Valdés critica a la clase política.
Ariel González reconoce algunos problemas de los países latinoamericanos.

7c **1.** abrir el debate; **2.** exponer una idea y abrir un nuevo tema; **3.** mostrar desacuerdo; **4.** reanudar una idea ya empezada después de una interrupción; **5.** preguntar por una opinión; **6.** Moderar el debate

7d **Pedir la palabra**: ¿puedo decir algo? Disculpe, todavía no había terminado
Interrumpir: No dudo que tenga razón; ¿puedo decir algo?
Ceder el turno: vamos a dejar que continúe el Sr.Valdés, si le parece
Reanudar la intervención: lo que estaba diciendo es que; como iba diciendo; disculpe todavía no había terminado

MIS RECURSOS

1a **1.** Lo supone (quizás el gobierno...)
2. Lo supone (Me puedo imaginar que habrán encontrado)
3. Lo supone (¿Por qué se estarán retrasando?)

4. Lo supone (quizás se hayan olvidado)
5. Lo sabe (Han dicho que el fenómeno del niño sería el responsable)
6. Lo supone (puede que así sea)

1b **1.** habrán salido; **2.** Estará - Estará; **3.** habrá llegado – esté trabajando; **4.** se habrá acostado / se acostaría; **5.** Habréis acabado / acabaríais - Acabamos

2 **1.** La policía detiene a los sospechosos del robo de la joyería de la Gran Vía.
Detenidos los sospechosos del robo de la joyería de la Gran Vía.
2. Asesinan en México a otro periodista que investigaba el narcotráfico.
Asesinado en México otro periodista que investigaba el narcotráfico.
3. Unos jóvenes cordobeses desarrollan una aplicación de comunicación para autistas.
Desarrollada una aplicación de comunicación para autistas (por jóvenes cordobeses).

3 De arriba a abajo en este orden: A; R; R; R
Regla: obwohl; auch wenn

4a

Introducir una opinión	2
Interrumpir	10, 14, 15
Mostrar que ya termina la exposición	12, 16
Disculpar por interrumpir y ceder la palabra	3, 4, 7
Reanudar una intervención	5, 6
Pedir una aclaración	1, 9, 11
Enfatizar una opinión	13

4b Atenúan el mensaje las frases número 2, 3, 6, 16 por el uso del condicional. Pero también la número 1 por el uso de la oración condicional: no sé si te he entendido bien...
Las más contundentes son las frases número 9, 12, 13.

CULTURA

c La máxima de la verdad ya que se incluyen elementos ficticios.

d 2 y 3

f **Realismo mágico**: es una corriente literaria en la que se presentan hechos improbables o ilógicos como si pertenecieran a la realidad.
Diarismo mágico: es un periodismo donde se usan exageraciones o invenciones.
Crónica: es un género de no ficción, en ella se narra de manera ordenada un hecho y se describe la atmósfera.

Unidad 9
Nuevos horizontes laborales

9A PERSPECTIVAS LABORALES

1a La robotización, la automatización, la manipulación genética, la inteligencia artificial, las redes sociales

1b **1.** a; **2.** c; **3.** d; **4.** b; **5.** f; **6.** e

1d *Una posible respuesta:*

Sectores económicos	la salud, el transporte, el comercio, el medioambiente, financiero, tecnológico, defensa, minería, construcción, fotografía,...
Profesiones	analista de datos, experto en..., operador de, ayudante de..., chaperón online, conductor.
Industria 4.0	uso de internet, fraude en la red, acoso en las redes sociales
Mundo de la empresa	analizar datos, problemas tácticos y estratégicos, oficinas, evaluar, analizar, necesidades de los clientes, supervisar
Internet y seguridad	fraude en la red, acoso en las redes sociales

2a El experto nombra como profesiones en peligro aquellas menos intelectuales: chófer, cajero, agente turístico, cartero. Tenga en cuenta que no las define por su nombre, sino por sus tareas.

2b Se mencionan los dos primeros de forma explícita y el tercero no se menciona.

2c **1.** ... haya..., la gente adoptará estilos más sanos (b).
2. ... contraten..., reducirán el riesgo de sufrir fraudes online (c).
3. ... esté..., los paquetes nos llegarán al jardín de casa (a).
4. ...tengamos..., no podremos valorar toda la información que tenemos.

4b

Knowmad	Trabajador clásico
Trabaja por proyectos. Cambia de trabajo y de proyecto. Se mueve geográficamente.	Quiere un trabajo indefinido. Pasa toda la vida en la misma empresa.

4d

introducción	"Entre los perfiles... y nomad (nómadas)."
desarrollo	"Como indica... (impartiendo conferencias, por ejemplo).
cierre	"En un futuro no muy lejano... propia empresa."

5c **1.** Arianna Huffington;
2. Mark Zuckerberg
3. Arianna Huffington

9B UN TRABAJO CON SENTIDO

6a **1.** El porcentaje de parados según edad.
2. A la formación educativa de los entrevistados.
3. El grupo más afectado son los que se encuentran entre los 16 y los 19 años. El segundo grupo es el de las personas entre los 20 y los 24 años. Es decir, los jóvenes.

6b En el texto aparecen tres informaciones que son diferentes a la estadística:
1. "En porcentajes la tasa de paro juvenil se sitúa por debajo de la nacional" Esto no es cierto, ya que es bastante más alta que la nacional del 19%.
2. "... el porcentaje más alto en todos los tramos de edad es el que tiene solo la educación primaria". Esto tampoco es cierto ya que el más alto es el que tiene la 2ª Etapa general de la ESO.
3. "... los jóvenes de 25 a 29 años con educación superior representan el segundo colectivo de número de parados". Tampoco es cierto pues representan el tercer colectivo después de los jóvenes de 16 a 19 y de 20 a 24.

Las informaciones nuevas son las que se refieren a los números absolutos:
1. La cifra de parados en 2014 alcanzó los casi 1.290.000 parados.
2. El porcentaje más alto de parados en 2014 lo registra el grupo de 25 a 29 con 599.000 parados.

7a *Algunas respuestas posibles:*
1. Porque en el mundo millones de personas no tienen acceso directo a agua potable.
2. El proyecto se financia a través de una plataforma de *crowdfunding*.
3. Estos jóvenes viajan en una furgoneta por lugares de América Latina donde existen problemas para acceder a agua potable. Allí entregan filtros de alta tecnología para potabilizar el agua, enseñan a instalarlos y mantenerlos. Además mediante estos filtros y su instalación evitan muertes y enfermedades causadas por el mal estado del agua. Ellos trabajan también con ONGs locales que conocen mejor el medio y podrán después continuar con el trabajo. La mejora en el acceso al agua potable de las familias revierte también en la comunidad ya que las mismas familias podrán destinar más tiempo a la educación.

7c De forma explícita, las dos personas nombran las siguientes razones:
1. ya que en el trabajo desempeñado no me sentía realizado.
2. para sentirme útil en la sociedad.
Pero de lo que dicen también se deducen otras dos razones:
3. por la necesidad de darle un sentido a mi vida.
4. para que 20.000 personas tuvieran acceso a agua potable.

7d

Causa	Finalidad
Por + sustantivo Ya que + indicativo Debido a + sustantivo	Con el fin de + subjuntivo Para que + subjuntivo Para + infinitivo

8a Algunos argumentos a su favor podrían ser: su formación (Grado en Ciencias Ambientales) y su investigación (relevancia del agua en la biodiversidad y ecología de las zonas áridas), su experiencia (becaria en el Instituto Aragonés del Agua) y su carácter (abierta, dispuesta a viajar y trabajar en equipo).

8b

Primera parte "Me pongo en contacto... enviarles mi solicitud"	Por qué los conoce y porque sabe que buscan voluntarios.
Segunda parte "Me llamo Sandra Baute... para su proyecto"	Se presenta (nombre, estudios y experiencia).
Tercera parte "Me considero... momento adecuado"	Explica su carácter y por qué piensa que es la persona ideal para este trabajo.

10b Del contenido y tono de las dos personas, se podría deducir que la entrevista ha ido bastante bien y las dos personas han congeniado y se han mostrado seguras en la mayoría de las respuestas.

10c *Una posible respuesta:*

Sus fortalezas	altruista, pasional, emprendedora, obstinada, aventurera, con capacidad de adaptación
Sus debilidades	perfeccionista
Sus expectativas en este trabajo	Aportar su granito de arena a la humanidad.
Su opinión sobre el trabajo en equipo	Funciona cuando los miembros del equipo se entienden y se conocen.

MIS RECURSOS

1a **1.** sector secundario; **2.** sector terciario o servicios
3. sector primario; **4.** sector cuaternario

1b **Sector primario:** agricultura, pesca, ganadería, silvicultura;
Sector secundario: industria alimentaria, industria textil
Sector terciario: turismo, consultoría, logística, comercio, industria del ocio, gestión de eventos
Sector cuaternario: investigación y desarrollo, I+D+i, industria aeroespacial, nanotecnología, telecomunicaciones

2

Expresar certeza	2
Expresar duda	3
Expresar acuerdo	4, 11
Expresar desacuerdo	6, 8, 10
Poner énfasis	5, 7
Hacer una corrección	1, 9

3a **1.**a; **2.**b; **3.**a; **4.**b; **5.**a; **6.**b; **7.**a

3b **1.**b/d/f; **2.**e; **3.**a; **4.**c

4 **1.** En realidad → Reforzar una idea
2. En definitiva → Cerrar o concluir un texto o idea
3. finalmente → Presentar la última idea
4. dicho de otro modo → Reformular una idea o concepto
5. Indiscutiblemente → Afirmar una idea
6. De hecho → Añadir un argumento

5 el aumento, el ascenso, el incremento, la subida
la disminución, el descenso, la reducción, la bajada

CULTURA

b "Fika" es una palabra sueca para denominar la pausa del café. Es una pausa que contribuye a relajarse y a fortalecer los lazos con los compañeros del trabajo y los jefes. En esas pausas se buscan soluciones a problemas que puedan tener, sirven para fomentar la confianza y la colaboración. Se hacen varias veces al día. En España, en cambio, son pausas en las que el empleado se distancia del trabajo.

c **1.** Sí, la cultura empresarial menos jerárquica.
2. Fomenta la creatividad y el trabajo en equipo.
3. Habría que dejar la pausa del café como un momento alejado del trabajo y empezar a verla como un momento de creatividad y productividad.

Unidad 10
Vivir del cuento

PORTADA

a **1.** biografía y cómic; **2.** cómic; **3.** novela negra; **4.** manual de autoayuda; **5.** poesía; **6.** cuento

10A EN LA FERIA DEL LIBRO

1a **Actividades:** entrega de premios, firma de libros, mesa redonda, Jam Sessión, encuentro, panel (de discusión), debate, cuentacuentos, recital de poesía, homenaje, entrevista, lectura
Géneros: cuento breve, cómic, poesía, relato
Profesiones: poetisa, poeta, cantautor, dibujante, escritora, periodista

2a La periodista realiza tres preguntas: si la feria ha sido un éxito, si en la próxima habrá más actividades de promoción de lectura y si el próximo año el país invitado será Francia.

2b En concreto se mencionaron todos los titulares menos los números 1, 5 y 6. El número 4, aunque no se dice expresamente, se deduce que es cierto por las palabras de la directora de la Feria, ya que dice que tuvo gran afluencia de público.

2c *Respuestas de arriba a abajo:*
... que se sentía
... que había sido
... que era
... que se ejerciera
... que habría
... que tuviera
... tuvo

Respuestas que faltan en la tabla:
Imperfecto (*se sentía*)
Condicional (*habría*)
Imperfecto de subjuntivo (*se ejerciera*)

2d *Una posible respuesta:*
Diana García comenta/comentó que lo que más le gustó/había gustado de la feria fue/era el espacio infantil.
Representantes de las editoriales declaran/declararon que la feria ha sido/había sido un éxito y han vendido/habían vendido muchos libros.
Norbertó Ávalos confirma/confirmó que la feria ha estado/había estado bien pero que le gustaría/habría gustado que los talleres fueran/hubieran sido menos cortos.
Ana Kruse afirma/afirmó que el estand más visitado de la feria fue/había sido el de México.
Julián Mitjans responde/respondió que ha disfrutado/había disfrutado mucho de la feria.

3a *Posible respuesta:*
Es un pianista que está interpretando una pieza musical mientras la expresión de su rostro es de gran concentración.

3b **Título:** el título hace referencia a la capacidad expresiva del pianista para traducir en gestos sus interpretaciones musicales, por esta razón se puede decir que el título es literal.
Resumen del cuento: un pianista, especializado en expresiones adecuadas a la composición musical que interpreta, sufre una amnesia. Esta enfermedad consiste en el olvido de las partituras, pero no de las expresiones que las acompañaban. A consecuencia de esta amnesia nunca volverá a dar conciertos para el público, pero sus amigos sí que siguen yendo a su casa para ver su recital de "expresiones".

3c 1. Primero, daba un recital de gestos y expresiones y después tocaba el piano. (En realidad, mientras tocaba el piano realizaba también gestos y expresiones.)
2. Tocó *La Polonesa* con la expresión de *La Patética*. (En realidad, tocó la *Catedral Sumergida* con la expresión de *La Marcha Turca*).

3d **Introducción:** en los tres primeros párrafos, donde se presenta al protagonista y su talento especial para combinar gestualidad y música.
Problema: párrafos 4 y 5, donde se menciona la aparición de la amnesia "lagunar" y sus consecuencias.
Desenlace: último párrafo. El pianista se retira de los conciertos públicos, pero sigue dando recitales de "expresiones" en su casa para sus amigos.

4a *Posibles anotaciones:*
Se conoce también como microcuento, microficción, cuento breve, nanorrelato...
Es un relato que se caracteriza por su brevedad.
El nanorrelato es una historia corta, mínima, que puede ser contada en pocas líneas.
El título deber ser sugerente y dar lugar a asociaciones.
Se necesitan pocos personajes
Hay que evitar las descripciones demasiado extensas.

4b *A primera vista* → Verse y amarse locamente fue una misma cosa.
Cuento de horror → La mujer que amé se ha convertido en fantasma.
El dinosaurio → Cuando despertó, todavía el dinosaurio estaba allí.

4c *Posible respuesta:*
Sí, los tres cumplen las características del género. Son breves, cuentan una historia mínima en pocas líneas, los títulos son sugerentes y dan información sobre el contenido, cuentan con pocos personajes, y las descripciones son breves o no existen.

10B OTRAS MANERAS DE CONTAR

5a *Una posible respuesta:*
Todo Mafalda: tiene sentido del humor, es curiosa, se interesa por la política, es ingeniosa, posee gran inteligencia...
Astérix en Hispania: tiene poderes sobrehumanos, tiene sentido del humor, es astuto, es un superhéroe...
Tintín en América: es ingenioso, combate injusticias, es aventurero, posee gran inteligencia...

5b **Todo Mafalda:** humor gráfico; **Astérix en Hispania:** aventuras, superhéroe; **Tintín en América:** aventuras

6c La protagonista aprende nuevas palabras y también a utilizar el voseo.

7a **1.** Lugar de nacimiento y estudios; **2.** El origen del título de su novela gráfica; **3.** La razón de haber tomado "Power Paola" como nombre artístico; **4.** Del primer dibujo que hizo

7b **2.** Lo correcto es: se puso el seudónimo de Power Paola porque en París un hombre de origen africano entendió Paula como Power.
8. La crisis no tuvo lugar en Nueva Zelanda sino en Australia.

MIS RECURSOS

1a **1.** Actual; **2.** Actual; **3.** No actual; **4.** Me distancio; **5.** No actual

1b

Actual	No actual / Me distancio
1. Me pidió que lo llame.	**1.** Me pidió que lo llamara.
2. Me propuso si nos vemos en la entrada.	**2.** Me propuso si nos veíamos en la entrada.
3. Avisaron de que se cancela la conferencia.	**3.** Avisaron de que se cancelaba la conferencia.
4. Informó de que llegará a eso de las 4.	**4.** Informó de que llegaría a eso de las 4.
5. Me recordó que me espera en su casa.	**5.** Me recordó que me esperaba en su casa.
6. Me recomedó que lea los libros de Benedetti.	**6.** Me recomendó que leyera los libros de Benedetti.

2 **Texto A:** anécdota. Uso del estilo directo. Lenguaje cercano a la oralidad. Uso de adjetivos para dar subjetividad y color a la narración.
Texto B: noticia. Estructura típica de la noticia (qué, dónde, cuándo, porqué). Enumeración y descripción cronológica de los hechos. Ausencia de adjetivos, presencia de sustantivos y verbos. Presencia del indefinido.
Texto C: cuento. Uso abundante de adjetivos y descripciones. Uso del lenguaje poético, figuras retóricas (la angustia lo fue abrazando lentamente).

3 **1.** causal; **2.** causal; **3.** consecutivo; **4.** consecutivo

4 **1.** por eso / por ese motivo/ por lo que (d).
2. por eso / por ese motivo / por lo que (a)
3. por eso / por ese motivo / por ello (c)
4. de ahí que (b)
5. por eso / por ese motivo / por ello (e)

CULTURA

a El género negro es un subgénero del género policíaco. El nombre se tomó del francés "serie noir". La novela negra pretende ser realista y por eso utiliza un estilo de lenguaje propio imitador del lenguaje popular y duro de la calle. La característica más importante de la novela negra es la temática: la violencia, el crimen y los ambientes amorales y sórdidos.

b Sáenz de Urturi y Luis Roso son los dos autores debutantes en el género.

c *Algunas posibles respuestas:*
investigar, muerte, pareja de investigadores, laberinto, psicología del asesino.

Unidad 11
¡Luces, cámara y acción!

PORTADA

a Número de cines; número de pantallas en los cines; precio de la entrada; espectadores; gustos del público.

11A ESPAÑA EN SU CINE

1a **Lo imposible**: drama; **Los otros**: suspense, de misterio; **Tadeo Jones**: aventuras; **El orfanato**: suspense, de misterio, de terror; **La comunidad**: comedia, suspense, terror; **Mar adentro:** drama; **Ocho apellidos vascos**: comedia; **Un monstruo viene a verme**: fantasía; **Volver**: drama, comedia; **El niño**: acción

1b **Mar adentro:** me impactó, genial, profunda
Los otros: me impactó, miedo
Tadeo Jones: para críos, divertida, sentido del humor.

2a **1. El orfanato:** suspense y terror. Palabras: orfanato, viejo caserón, despertar la imaginación, inquietar, sospechar, amenazar
2. Mar adentro: drama. Palabras: postrado en una cama, cuidado, junto al mar, sufrió el accidente, interrumpió su juventud, morir dignamente
3. El niño: acción y policíaca. Palabras: riesgo, emociones, sobresaltos, policías, narcotráfico, traficantes, violencia...
4. La comunidad: comedia y terror. Palabras: sin escrúpulos; desquiciada; comunidad de vecinos...

2b

Texto número...	1	2	3	4
Universo de la acción	2	2	2	2
Conflicto principal	3	3	3	3
Personajes	1, 2	1, 2	1, 2	1, 2

3a Mar adentro, Los otros, Ocho apellidos vascos, Tadeo Jones

3b De arriba a abajo:
Ocho apellidos vascos; Lo imposible; Torrente

4a La ciudad de las estrellas.

4b Mencionan todas menos: ¡Es genial! y ¡La música es fantástica!

4c

Expresar una intención	¿Por qué no vienes conmigo...?
Proponer un plan y aceptarlo	¿Por qué no vienes conmigo...? Si te parece podemos ir a ver... ¿Te apuntas? Me apunto.
Expresar preferencias	Es el tipo de película que nos gusta, de veras, te va a fascinar... Creo que no está nada mal...
Delegar una decisión	Bueno, voy a pensármelo. ... como quieras, ... A la que quieras, me da igual.

5a *Algunas respuestas posibles:* grueso, arraigado, fuerte, sólido, duro, viejo, ancho, flexible, enorme, elegante.

5b **1.** Se inspiró en algo que leyó en un artículo donde se hablaba de un olivo muy antiguo que alguien muy rico había comprado. Pero también en la historia de un agricultor que le contó que no podía soportar el espacio que quedaba de donde arrancaron su árbol.
2. Se imaginaba la relación entre la comunidad y el olivo como una relación muy especial de cuidado mutuo: el olivo recibe cuidados y este a su vez da comida y salud.
3. El guionista otorga al olivo cualidades casi humanas: "el olivo es casi de piedra, duro, con formas como del cerebro, lleno de curvas, líneas, con arrugas y venas".

5c Orden de los fotogramas de izquierda a derecha: 4, 3, 1 y 2
Los títulos de izquierda a derecha son: En Düsseldorf; El silencio del abuelo; La venta del olivo; Alma y Yayo.

6a **Valoraciones positivas:** de lo que habla es interesante; ... está habitada por criaturas cercanas y reconocibles.
Valoraciones negativas: le sobra un exceso de buenrollismo; algún pasaje innecesario; demasiado ingenua; ... en algunos pasajes sus comportamientos son chocantes, poco creíbles.

6b

	Reseña 1	Reseña 2
Introducción o resumen expositivo de la trama	"Nadie puede... del agua"	"La venta de un olivo milenario... no carentes de interés."
Comentario crítico	Le sobra un exceso de buenrrollismo; algún pasaje innecesario;	... en algunos pasajes sus comportamientos son chocantes, poco creíbles.
conclusión	De lo que habla es interesante, la forma, demasiado ingenua.	"Está habitada por criaturas cercanas y reconocibles" (es decir, el público se puede identificar)

11B VALE

7b *Una posible respuesta:*
Anuncio publicitario: promoción de productos; breve duración; soporte audiovisual; mensaje; valor artístico; importancia del receptor; beneficios; música pegadiza
Cortometraje cinematográfico: temas poco comerciales; breve duración; división en géneros; mensaje; valor artístico

7c Aquí, evidentemente, la expresión no tiene un sentido literal, sino figurado. Esta hace referencia al tipo de colaboración que el cine y la publicidad han mantenido, los beneficios que ha reportado y reporta todavía, y el tipo de relación que el cine y la publicidad mantienen en la actualidad. Y como esta relación que ya existía, se sigue renovando.

7d **Dramanegement movies:** películas que cuentan historias para vender un producto.
Branded content: las marcas forman parte de la historia
Product placement: en las películas aparecen productos de marca.

8a Se hace publicidad de una cerveza.
La película se llama "Vale" porque es la palabra que más se repite durante el vídeo y además es una palabra positiva de aprobación, en este caso, de la marca de cerveza pero también del sentido alegre de la vida.

8b *Una posible respuesta:*
Los jóvenes que aparecen son profesionales de clase media con un poder adquisitivo posiblemente por encima de la media. Sus edades se mueven alrededor de los 30 años.
En cuanto al físico, son jóvenes, delgados, practican deporte. Dos chicas tiene el pelo castaño y la tercera es rubia. Los chicos son todos morenos.

8c Con mucha imaginación. Creando palabras nuevas a partir del español y acudiendo a terminaciones del inglés. O alternando los dos idiomas.

8d Porque sus acciones coinciden con la definición de Amenábar: salir de casa, conocer gente, escuchar música, ir al teatro, al cine, ver exposiciones. Son personas sociables y abiertas.

10a **A.** 4; **B.** 2; **C.** 3; **D.** 1

11a En el diálogo 3 la palabra miedo tiene el significado de estupendo, fenomenal: "(está) de miedo".
1. hablan de una serpiente.
2. hablan de un accidente en la nieve. La persona se cayó en un hueco haciendo snowboard.
3. hablan de una moto.

11b Las siguientes expresiones sirven para describir miedo:
1. Me entró tanto miedo.
2. El estómago se me encogió.
3. Los pelos del cogote se me pusieron de punta.
4. Se me puso la carne de gallina.
5. Un escalofrío me recorrió la espalda.
Las número 2, 3 y 4 tienen un sentido claramente figurado.

MIS RECURSOS

1a **1.** a los que / a quienes; **2.** en la que; **3.** que; **4.** con la que **5.** de los que

1b *Posibles respuestas:*
1. Estrella Damm que en 1929 era ya una cerveza muy conocida, participó en la Exposición Universal de Barcelona.
2. Los carros con los que se distribuía la cerveza en aquella época, estaban tirados por caballos.
3. La estrella roja con la que se decora la cerveza Damm, desapareció de los envases durante la época franquista.

1c 1. opera; 2. compita; 3. quieran; 4. sean; 5. participe

2 *Una posible respuesta:*
2. Como las películas se exhiben pocos días y solo unas horas, las personas no asisten a las funciones de cine local.
3. Muchos no pueden ir al cine, ya que el precio de las entradas ha subido.
4. El público busca otras propuestas debido a que no se siente reflejado en las propuestas del cine nacional.
5. Puesto que faltan los recurso para producir las películas, muchos directores tienen que financiar sus obras.

3a **1.** D; **2.** A; **3.** D; **4.** D

CULTURA

b Respuestas número 3

c La imagen positiva, vitalista y optimista de Amenábar, frente a la imagen también vitalista, pero más melancólica de Serrat.

d **Infancia:** niñez, jugando, escondido, primer amor, juegos
Mar: playa, luz, olor, arena, piel, azul, marea, barca, levante, temporal
Carácter: amor, penas, sabor amargo, cantor, embustero, me gusta el juego, me gusta el vino, alma de marinero.

Unidad 12
América latina ayer y hoy

PORTADA

b las fotos representan las revoluciones cubana (arriba a la izquierda), zapatista (arriba a la derecha), francesa (la segunda a la izquierda) y sandinista (la tercer a la izquierda)

12A ¿HACIA UN MUNDO MEJOR?

1a **1.** la burguesía; la Ilustración; el absolutismo monárquico; "libertad, igualdad y fraternidad".
2. Primavera árabe: el 25 de enero de 2011; la población descontenta; la dimisión
3. Revolución sandinista: reformas; la dictadura

1b Yo no sabía que la burguesía hubiera empezado la Revolución francesa.
Desconocía que había tanta brutalidad policíaca.
Ignoraba que los egipcios reivindicaran un sueldo mínimo.

2a **1.** b; **2.** d; **3.** d; **4.** e; **5.** A
Regla: condicional simple; condicional compuesto

3a/b Falsos son: Querían derrotar las fuerzas estatales comandadas por el dictador Fulgencio Batista. Bajo su gobierno se puso en marcha la nacionalización de las empresas estadounidenses presentes en el país.

3c Los tres errores son:
1. Rev. Mex 1910-30. Correcto es "1910-1920"
2. Minoría tenía control de la industria y de la agricultura. Correcto es "la industria y del comercio"
3. La clase baja se organiza contra P.D. Correcto es la "clase media".

3d

Estructura organizativa del discurso	- Me gustaría empezar... - ¡Comenzamos! Como muchos de ustedes ya me imagino que sabrán... - Por un lado... Y por otro... - No me gustaría terminar sin...
Repetir o enfatizar contenidos	- Y, concretamente, ... - Para ser más exactos...
Realizar preguntas sobre el contenido	- Pero la cuestión que deberíamos plantearnos es: ¿por qué se inicia un movimiento de esa magnitud? - ¿Quiénes fueron los protagonistas de ese movimiento? Francisco Madero...

5b Los triquis: no disponen de tierras que les permitan ser autosuficientes; venden sus artesanías en plazas públicas sin permisos, lo que les ocasiona problemas; hay una tasa alta de analfabetismo ("...se está reduciendo el analfabetismo").
Los wayuu: no tienen estado y viven en zonas desérticas (terreno hostil, intensa sequía); altos índices de desnutrición crónica en los niños; No pueden comprar productos básicos por ser muy caros.

12B AMERICA LATINA HOY

6c **Aspectos positivos de la globalización:** transferencia de tecnologías; mejoras en el crecimiento; aumento de la cuota de exportaciones e importaciones y por tanto subida del PIB (Producto interior bruto)
Aspectos negativos de la globalización: déficits comerciales crecientes, deuda
Argumentos: economía demasiado concentrada en productos primarios; competencia de los países industrializados debido a que la competencia protege sus productos (industria subsidiada); dificultad para aumentar las exportaciones.
Tesis: Aunque los efectos positivos del comercio es innegable (incremento de los flujos comerciales de la región), habría que corregir algunas deficiencias.

6d

Organizar el texto o información	En primer lugar, en segundo lugar, en resumen
Expresar consecuencia	Así, de ahí
Expresar contraste	Sin embargo, aunque
Focalizar o explicar	Esto es

1. a pesar del optimismo que puede desprenderse (líneas 58-59).
2. ... tendrían que corregirse... (línea 68)
3. ... en gran medida... (línea 47), ... en muchos casos... (línea 52)
4. frecuentemente (línea 53),
5. ... entre otras cuestiones... (línea 19).

6e **1.** ...se ha esforzado en ... → línea 16: el esfuerzo
2. ...a que mejore... → línea 23: a la mejora
3. ...ha contribuido → línea 26: la contribución
4. ... han aumentado → línea 30: el aumento

7b *Posibles respuestas:*
Los adjetivos hacen referencia a: cultura patriarcal (maltratada), desigualdad social (discriminada), alto nivel de participación política (comprometida), pilar de la familia y el hogar (buena gestora, comprensiva), violencia de género (torturada), incorporación al mercado laboral (trabajadora)
Laboral: poderosa, buena gestora, eficaz, trabajadora, comprometida
Familiar: buena gestora, comprensiva
Rural: pobre, trabajadora
Igualdad: discriminada, marginada
Educativo: eficaz, comprometida, trabajadora

7c De forma a veces no literal o literal, la ponente ha analizado en su presentación por un lado los siguientes conceptos: el alto nivel de participación política, el liderazgo social y económico, su papel como pilar de la familia y el hogar, y la incorporación al mercado laboral. Todo esto lo hace para hablar de la mujer urbana. En el caso de la mujer rural, habla de la presencia todavía de desigualdades sociales y la cultura patriarcal, así como de la violencia de género que sufren, junto a la dificultad en la escolarización.

7d

Comprobar que el público escucha y comprende	¿Se me oye bien allí atrás?
Iniciar una presentación	En mi presentación... os voy a hablar sobre...
Referirse a información de la diapositiva	En esta diapositiva pueden ver...
Presentar una idea nueva	De todos modos
Ejemplificar una idea presentada	- Por ejemplo, asume trabajo mal pagados...
Terminar la presentación	- Y para ir terminando, no quiero extenderme... - Con esta pregunta me gustaría terminar aquí mi presentación.

7f Menciona los contenidos 2 y 3, y en concreto las expresiones: es discriminada y está comprometida. Y es maltratada.

8a El orden es el siguiente: 1. Se me apagó el ordenador durante la presentación; 2. He olvidado el ordenador en casa; 3. Se me ha olvidado el ordenador en el autobús; 4. Se apagó la luz en el metro.

8d

	Tipo de ayuda	¿Se la dan?	Justificación
1	Pide un folio	Sí.	
2	Pide que le presten dinero.	No.	Es que yo también... estoy sin blanca.
3	Pide un libro.	No.	No es que no quiera, pero llevaba tiempo esperando y ahora lo necesito...
4	Pide un adaptador para su ordenador.	No.	Pues me temo que no podré dejártelo, es que ya...
5	Pide que le ayuden con una explicación	Sí.	

MIS RECURSOS

1 **1.** b. 1 y 2; **2.** b. 3; **3.** a. 1; **4.** a. 2

2a **1.** hoy o mañana; **2.** ayer; **3.** ayer; **4.** hoy o mañana

2b **1.** hablaría; **2.** habríamos empezado; **3.** Se habría reunificado

2c **1.** c y e; **2.** a y c; **3.** b; **4.** b y d; **5.** e.

3 **1.** necesidad; **2.** coexistencia; **3.** búsqueda; **4.** concepción; **5.** experiencias; **6.** creencias; **7.** prácticas

4 **1.** es; **2.** está; **3.** sea; **4.** está

5 De izquierda a derecha y de abajo a arriba: Impersonalidad; Objeto indirecto; pronombre reflexivo; pasiva refleja; Involuntariedad; Reciprocidad

CULTURA

a

Capital	Montevideo
Población	3.300.000 aprox.
Moneda	peso
Tasa de desempleo	7,4% (2017)
Tasa de crecimiento económico	3,1% (2017)
Poblaciones indígenas	Prácticamente inexistentes, aunque según un estudio del INE (Instituto Nacional de Estadística de Uruguay) el 4% de la población se declara tener alguna ascendencia indígena (mestizos). Un 86% de la población es de origen europeo y un 9,9% es de origen africano. http://www.ine.gub.uy/biblioteca/Encuesta Continua de Hogares/Publicación Principales Resultados 2010.pdf

b/c A finales del siglo XIX, Uruguay, consolidó su democracia y alcanzó un nivel alto de bienestar, equiparable al europeo. Debido a esto, Uruguay comenzó a ser conocida internacionalmente como "la Suiza de América". De hecho fue uno de los primeros países en establecer por ley el derecho al divorcio (1913) y a establecer el derecho del sufragio femenino. Además, fue la segunda nación del mundo que estableció por ley un sistema educativo gratuito, obligatorio y laico (1877).